FORMULA ONE
THE CHAMPIONS

世界一级方程式锦标赛冠军传奇

[英] 莫里斯·汉密尔顿（Maurice Hamilton） 编著

[英] 伯纳德·卡希尔（Bernard Cahier）
[英] 保罗-亨利·卡希尔（Paul-Henri Cahier） 摄影

刘刚　陈哲然　译

机械工业出版社
CHINA MACHINE PRESS

左图：七十年来的大部分时间里，伯尼·埃克莱斯顿都是一级方程式比赛的掌舵者，在他的运作下，争夺世界冠军已经成为这项赛事的核心。2018 赛季，法国大奖赛，保罗·里卡德赛道，看台上人声鼎沸，刘易斯·汉密尔顿正向着胜利进发，赛季末，他将收获自己的第五座 F1 世界冠军奖杯

前　言
伯尼·埃克莱斯顿
Bernie Ecclestone

本书讲述的历届 F1 世界冠军，都是令我难以忘怀的老友。

显然，我与其中一些人过从甚密。其实从杰克·布拉汉姆算起，每一位我都能以"哥们儿"相称。我与他们的关系就是如此。老实说，我没有和他们当中的任何一位翻过脸，哪怕是我经营布拉汉姆车队时的冠军们。

执掌 F1 期间，我从未强迫任何人去做他们不情愿做的事，或者可能引起争吵的事，因为他们从不漫天要价！如果我请他们去南非或者其他什么地方，他们会说"我们会抽时间去的"。绝不会有恼人的讨价还价。

你可能对此错愕不已，但我管理 F1 车队的理念是，无论哪位车手，赢得世界冠军都不是最重要的。我刻意与法拉利保持距离。我认为，从商业角度考虑，除法拉利车队外的任何车队获胜都更有价值。我宁愿法拉利车队十年不拿冠军，但他们几乎每年都有实力拿冠军。车手同理，对我而言，鲜明的个性比冠军头衔更有分量。

你不能理所当然地认为，任何一位世界冠军都将夺冠视为生命中最重要的事。他们当然想赢，因为这是他们竞逐赛道的初衷。但这并非终极目标。各行各业中的每一分子都想把自己的工作做好，成为专业领域内的翘楚。每一位世界冠军都极具竞争力，这是无可争辩的事实。

比如，某些车手在争取车队资源方面确实更有天赋，而某些车手可能拥有更精湛的技术，或者在速度上更具优势。总之，对强健与睿智的共同追求，将他们聚拢到一起。

他们当中，有人为拿到世界冠军而情愿比别人舍弃更多。有些冠军并非天赋异禀，要随时准备去做自己不太情愿做的事，但他们知道，这是成为世界冠军所必须经历的。正是这些品质使他们脱颖而出。

每位车手都是独一无二的，他们出于各种原因与赛道结缘。比如方吉奥，我很少把车手的照片摆在办公室里，他是让我破例的少数车手之一。我与他情同手足，我知道这哥们儿值得信赖。格雷厄姆·希尔是我的车手，但他不像我的其他车手，比如吉姆·克拉克和詹姆斯·亨特那样，和我走得很近。约亨·林特曾经是我的车手，我们之间的关系自然非比寻常。

每当有人问我谁是最好的车手时，我的回答永远是阿兰·普罗斯特，这并非源于我们的交情，而是源于他独树一帜的驾驶风格，他本可以拿下不止四届世界冠军。从比赛开始的那一刻起，他就会尽可能地保护赛车的关键部件，包括制动器、轮胎和变速器。当他驾驶赛车安全返回时，你几乎无法通过车况察觉到他刚刚驾驶赛车跑完比赛且名列前茅。我一直认为他是最棒的。

以上种种，都是细枝末节。事实是，本书所聚焦的每一位车手，都能在关键时刻不负众望。他们是如此特别，与他们相识是我的荣幸。

目　录

7	前　言
10	引　言
15	朱塞佩·"尼诺"·法里纳博士
20	胡安·曼努埃尔·方吉奥
29	阿尔贝托·阿斯卡里
36	迈克·霍索恩
43	杰克·布拉汉姆爵士
48	菲尔·希尔
55	格雷厄姆·希尔
60	吉姆·克拉克
69	约翰·苏堤斯
74	丹尼斯·"丹尼"·霍尔姆（丹尼斯·克里夫·霍尔姆）
81	杰基·斯图尔特爵士
88	约亨·林特
94	埃默松·菲蒂帕尔迪
101	尼基·劳达
108	詹姆斯·亨特
115	马里奥·安德烈蒂
120	乔迪·谢科特
127	阿兰·琼斯
133	尼尔森·皮奎特
138	科克·罗斯伯格
145	阿兰·普罗斯特
152	埃尔顿·塞纳
161	奈杰尔·曼塞尔
166	迈克尔·舒马赫
177	达蒙·希尔
182	雅克·维伦纽夫
189	米卡·哈基宁
194	费尔南多·阿隆索
201	基米·莱科宁
206	刘易斯·汉密尔顿爵士
215	简森·巴顿
220	塞巴斯蒂安·维特尔
228	尼科·罗斯伯格
235	参 考 文 献
236	致　谢

右图：1957 赛季，德国大奖赛，纽博格林赛道，五届 F1 世界冠军胡安·曼努埃尔·方吉奥驾驶玛莎拉蒂 250F 赛车冲过终点线，完成了 F1 赛史上最伟大的一次赛程

引 言

世界一级方程式锦标赛（Formula 1 World Championship）车手世界冠军是赛车界的终极荣誉，自1950年设立以来，共有 34 位车手获此殊荣。他们来自 15 个不同的国家，也许不同的民族性使每位车手的阶级和信仰都大相径庭，但他们因同一个目标而会聚一处：淋漓尽致地展现独一无二的驾驶技术。在一个完整赛季中，对胜利的不懈追求与禀异天赋将助力车手们脱颖而出，攀上竞技体育之巅。

"天选之子"们发挥了最大的潜能，通过了最严苛的考验。当然，这并不是说那些靠汗水登顶的"凡人"就不该拿冠军。他们的故事殊途同归：无论怎样获得这份殊荣，他们都是毋庸置疑的顶级车手。

谁是赛车史上最优秀的车手？这样的争论恐怕还要持续到下一个 70 年，因为没有人能站在当下笃定未来。但这并不妨碍我们兴致勃勃地为此开展理智的讨论，当然，我们可能会因自己的偏好而得出截然不同的答案。

身为旁观者，我们不可能排除个人偏好去评价车手。这项充满危险的竞技运动为车手们提供了展示天赋与技能的舞台。赛车，在"轮对轮"的高速对抗中，常常会在精湛技术的引导下游走在极限边缘。每一位世界冠军，都会无数次经历或呈现令人血脉偾张的极速竞逐。希望你能在这本书中找到自己挚爱的车手。

在每赛季最后一场的"决胜之路"上，积分接近的车手们要想尽办法拿分，因为总积分最高者将加冕世界冠军。站在成绩记录者的角度，规则是绝对的，因此过去 70 年来，人们对冠军争夺赛和判罚尺度的争议始终没有停息。

"身为车手,你想赢下每一场比赛,世界冠军显然是终极目标。这对你和车队来说,都是伟大的时刻。最终,你登上最高领奖台,心潮澎湃。霎时间,无数个记忆片段划过你的脑海:你为此做出的牺牲,来自家人的支持,以及这份殊荣对每个曾与你共同经历的人来说都意味着什么。待你慢慢平静后:耶!我是世界冠军!"

刘易斯·汉密尔顿

20世纪50年代的赛车速度并不快,但比赛持续时间很长。如今的大奖赛持续时间减半,但比赛更频繁,因此车手们也有更多机会看到方格旗,而不是躺在医院里,甚至更糟。早期,车手们哪怕共享一台赛车也能获得积分,而现在,就算规则允许他们也不可能共享一台赛车,因为每位车手都会被牢牢固定在狭小的碳纤维驾驶舱里,活像顶盔掼甲的十字军战士。

1950年,分站冠军能拿到8个积分,而现在,他们能拿到的积分是彼时的3倍有余。曾经有一段时期,各场比赛的积分有一定差异,而现在,每场比赛的积分都是一致的。胡安·曼努埃尔·方吉奥(Juan Manuel Fangio)在1957年捧回自己职业生涯的最后一座世界冠军奖杯时已有46岁,而塞巴斯蒂安·维

对页上图:埃尔顿·塞纳,极具个人魅力的F1三冠王,他非常欣赏同样来自南美的前辈,传奇车手胡安·曼努埃尔·方吉奥(对页左下图)

对页右下图:迈克尔·舒马赫也许创造了难以企及的纪录,他赢得了91场大奖赛胜利和7届F1世界冠军

左图:2010赛季,年仅23岁的塞巴斯蒂安·维特尔赢得职业生涯首个F1世界冠军,同时成为迄今为止F1赛史上最年轻的世界冠军

下图:刘易斯·汉密尔顿103次体尝"胜利之味",包括2016赛季的摩纳哥大奖赛

特尔(Sebastian Vettel)夺得自己的第一个世界冠军时年仅23岁。迈克尔·舒马赫(Michael Schumacher)在2004年凭借创纪录的单赛季13场胜利拿下世界冠军,而迈克·霍索恩(Mike Hawthorn)和科克·罗斯伯格(Keke Rosberg)分别在1958年和1982年仅凭单场胜利就拿到世界冠军。

时移世易,但目标未变。车手各异,但人人皆是世界冠军。

F1创立以来扣人心弦的伟大变迁,仅凭文字是难以完美呈现的。伯纳德·卡希尔(Bernard Cahier)和他的儿子保罗-亨利·卡希尔(Paul-Henri Cahier),凭借对F1赛事的热忱与执着记录,以及深厚的摄影经验,俨然已经将赛事摄影作品升华为艺术杰作。他们用镜头捕捉到几乎每位车手的精彩瞬间,用画面展现他们的个性,以及他们身处的别样世界。

书中那些能唤醒你记忆的摄影作品皆甄选自跨越数十载光阴的"卡希尔影库",它们都聚焦于一个主题:自几乎被人们遗忘的大奖赛时代开始,从600余位为世界冠军而战的车手中脱颖而出的33位"精英中的精英"。

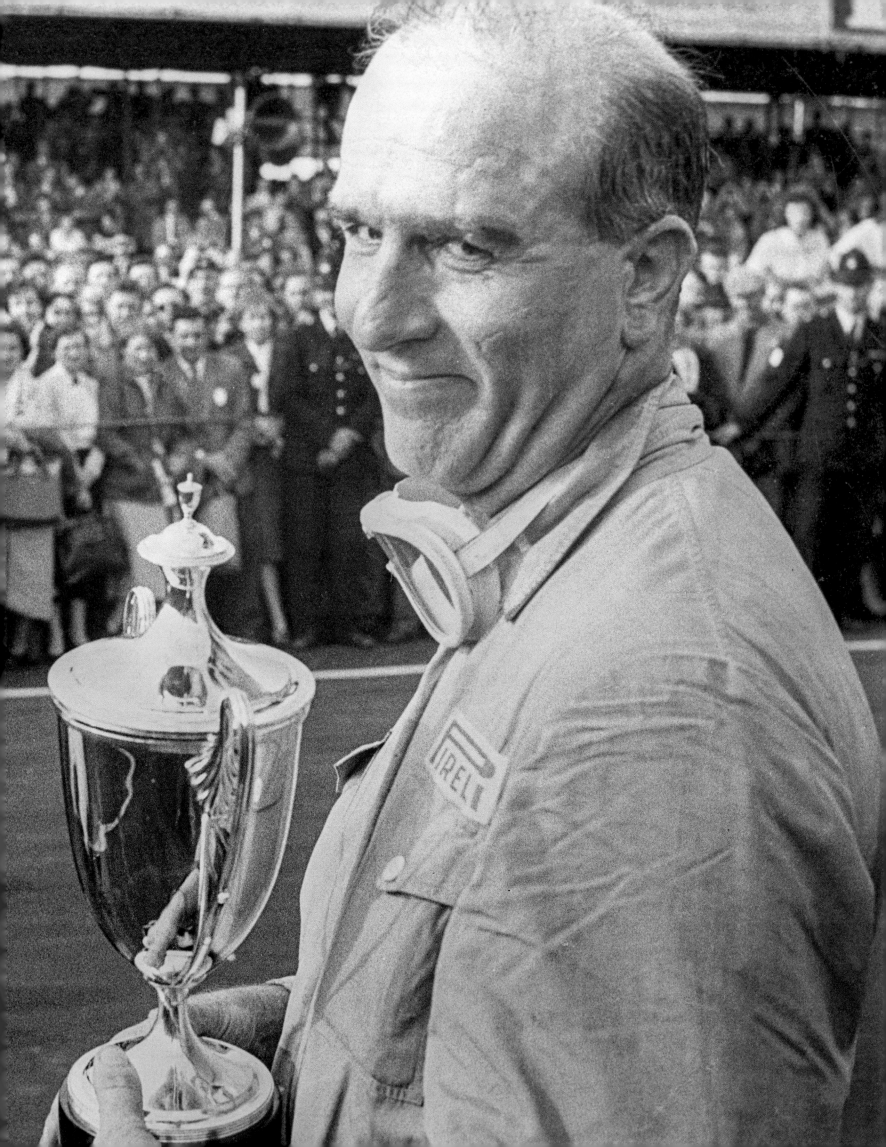

朱塞佩·"尼诺"·法里纳：F1赛史上首位世界冠军，一位有故事的男人，人们将永远铭记他在阿尔法·罗密欧158赛车中的挺拔身姿（右图）

朱塞佩·"尼诺"·法里纳博士
Dr Giuseppe 'Nino' Farina

夺冠时间 1950年

　　1950年5月，F1元年，银石赛道，赛史上第一位分站冠军及第一位世界冠军。相比单纯的夺冠技术统计，朱塞佩·法里纳博士对这项赛事的影响要更加深远。

　　1906年出生于意大利都灵的法里纳，拥有政治经济学博士学位，曾是一名律师，也曾在意大利军队中担任骑兵军官。除赛车外，他还在滑雪、足球和马术等运动项目中小有成就。被朋友们称为"尼诺"（Nino）的法里纳性格孤傲，他认为赛车属于上流社会，不是驾驶者们的竞技运动。知名杂志《赛车运动》（Motor Sport）刊登过一封信件，其中讲述了这样一件事，1951年，在古德伍德（Goodwood），一位英国年轻人想要向法里纳索要签名，他冲着法里纳喊道："就耽误你一会儿，尼诺！（Uno momento, Nino）"亲切的母语和昵称瞬间吸引了法里纳的注意，他以为偶遇了故交，微笑着转过身来。然而，当发现对方只是来索要签名时，素来厌恶摆拍的法里纳立刻变了脸。

　　这种强势的优越感也延伸到法里纳的驾驶风格中。同时期其他车手大多会靠近方向盘，躬身曲臂驾驶，而法里纳习惯于远离方向盘，挺身伸臂驾驶。在法里纳沉着冷静的外表下，潜藏着拥有钢铁般意志的无畏灵魂。他突破了车手与赛车的极限。在法里纳驾驭下的赛车要承受异常严苛的考验，而他的对手显然也要拥有强大的心脏。

　　法里纳在职业生涯早期无往不利，第二次世界大战爆发前，他蝉联了1937—1939赛季的意大利锦标赛冠军。稳健的驾驶风格成为法里纳的"标签"。意大利传奇车手塔基奥·努沃

上图：不喜欢签名的法里纳，摄于1953年的银石赛道

对页图：法里纳与法拉利500车型从未取得令人满意的成绩，1953年，在兰斯举办的法国大奖赛上，他驾驶这台赛车仅获第五名

拉里（Tazio Nuvolari）对他赏识有加，成为他的导师和挚友。1946年大奖赛恢复后，法里纳先后为玛莎拉蒂车队和法拉利车队效力，而他最成功的合作伙伴显然是阿尔法·罗密欧车队。1950年，法里纳联手胡安·曼努埃尔·方吉奥和路易吉·法吉奥利（Luigi Fagioli），驾驭着来自祖国的赛车，征战在银石赛道举办的世界锦标赛。

法里纳统治了英国大奖赛，从杆位开始一路领跑，并刷出了最快单圈。强硬的风格与迅捷的技术助力他接连拿下瑞士和意大利站，最终击败方吉奥赢得世界冠军。一位赛事评论员如此评价法里纳："他不是这个时代最好的车手，但在任何时候都极具竞争力。"

然而，"极具竞争力"有时还远远不够。1951赛季，方吉奥凭借三场胜利夺得世界冠军，比法里纳年轻12岁的阿尔贝托·阿斯卡里（Alberto Ascari）也初露锋芒，不仅成为法拉利车队的领军人物，还赢得了两场比赛的胜利。作为卫冕冠军的法里纳只收获了一场胜利。1951赛季末，阿尔法·罗密欧车队退出大奖赛，法里纳转投法拉利车队。1952和1953赛季，他无奈屈居"二线"，眼睁睁看着阿斯卡里统治赛场。

此时的法里纳已有47岁"高龄"，但他不愿过早让位于年轻人。急于求成的法里纳开始采取更激进的驾驶方式，这导致他在比赛中事故频发。逐渐淡出赛车运动前，法里纳只在1953赛季拿到一场分站胜利。

> "法里纳有能力实现你对比赛的任何期许,他由内到外都闪耀着钢铁般的意志,他是毋庸置疑的赛车冠军。"
>
> 恩佐·法拉利

对页上图：1953 年，德国大奖赛，纽博格林北环赛道，这是法里纳当年拿下的唯一一场胜利，他最终名列积分榜第三位

对页下图：比利时大奖赛是法里纳 1954 年参加的两场大奖赛之一，在排位赛上名列第三后，驾驶法拉利 553 赛车的他在斯帕-弗朗科尔尚赛道上退赛

下图：1953 年意大利大奖赛，开赛前，法里纳与方吉奥（中）、菲利切·伯尼托（Felice Bonetto）（右）在蒙扎赛道的发车区里交谈

底部图：1955 年比利时大奖赛，身处斯帕-弗朗科尔尚赛道的法里纳怅然若失，这是他大奖赛生涯的告别之战

1954 年，意大利蒙扎赛车场，法里纳在一场跑车比赛练习赛中遭遇重大事故，他驾驶的法拉利赛车因变速器和燃油箱受损而起火，他被严重烧伤。这场事故导致法里纳在职业生涯末期只能靠注射吗啡来维持状态。尽管如此，时年 48 岁的法里纳依然能在 1955 年的阿根廷大奖赛上斩获亚军。不过，受身体状况所困，加之好友阿斯卡里因事故离世，法里纳最终还是决定告别赛车运动。

无数次在赛道上绝处逢生的法里纳，最终与爱车魂归一处：1966 年，法里纳驾驶路特斯科尔蒂娜轿车在赶往法国大奖赛举办地兰斯（Reims）途中，在尚贝里（Chambéry）附近的湿滑道路上遭遇事故丧生，终年 59 岁。

对页图：1957 年，纽博格林北环赛道，目光坚毅的方吉奥做好了比赛准备，这是他职业生涯的一场得意之赛

左图：方吉奥在比赛中驾驶玛莎拉蒂 250F 赛车

胡安·曼努埃尔·方吉奥
Juan Manuel Fangio

夺冠时间 1951年 1954年 1955年 1956年 1957年

"赛事传奇"这个词也许能用来形容本书中的很多位车手，但唯有胡安·曼努埃尔·方吉奥当之无愧。

他几乎是一个完美的人，永远谦逊，永远得体，即使是对手们也对他尊敬有加。在 20 世纪 50 年代的赛车场上，他取得了令其他车手望尘莫及的成就。随着岁月的流逝，人们对他的钦佩之情有增无减。

1950—1958 赛季，方吉奥共计参加了 51 场大奖赛，赢得了 24 场胜利。除两场比赛外，他都是从第一排起步，共计拿下 29 个杆位和 23 个最快单圈。他的 5 座世界冠军奖杯，分别在阿尔法·罗密欧车队、法拉利车队、梅赛德斯 - 奔驰车队和玛莎拉蒂车队获得，这无疑证明了他与生俱来的强大适应力。他是那个时代毋庸置疑的伟大车手，在很多人看来，他堪称 F1 赛史上最伟大的车手。更值得赞许的是，他的绝大多数成就都是在不惑之年取得的。

方吉奥出生在阿根廷巴尔卡塞（Balcarce）的一个贫苦石匠家庭，他用一辆老式福特出租车跑出了名气，随后开始参加在沙石路上举行的严苛的长途比赛。在夺得"北方国际大奖赛"（Gran Premio Internacional del Norte）冠军后，方吉奥蜚声在外。那是一项赛程长达 10000 公里的马拉松式比赛，要从安第斯山脉一直行驶到秘鲁后再返回。遗憾的是，第二次世界大战的爆发，让他转战国际比赛的计划戛然而止。

1949 年，在阿根廷汽车俱乐部（Argentine Automobile Club）的赞助下，方吉奥终于踏上欧洲大陆，开始寻求更广阔的发展空间。最初，38 岁的他担心自己可能无力把握这次机遇。

　　幸运的是，在赢得 7 场胜利后，阿尔法·罗密欧车队对他产生了兴趣，他们给了方吉奥一份空白合同。方吉奥毫不犹豫地在合同上签了字，"你们认为我值多少，就给我多少，"他说，"无论得到多少，我都会加入车队。"

　　事实证明，这次合作是卓有成效的。在令人难忘的 1951 赛季，方吉奥驾驶 Alfetta 159 赛车，经过与法拉利车手阿尔贝托·阿斯卡里的一番激烈缠斗，赢得了第一座世界冠军奖杯。Alfetta 159 因此成为他最钟爱的赛车。

　　1952 赛季，方程式规则的改变让阿尔法·罗密欧车队无奈退出大奖赛。方吉奥开始在不计入总成绩积分的非锦标赛中为玛莎拉蒂车队效力，时而也驾驶 BRM 赛车参赛。其间，为避免个人原因影响两支车队的竞赛项目，方吉奥经历了 F1 职业生涯中的唯一一次严重事故。

　　驾驶 BRM V16 赛车参加完位于北爱尔兰的阿尔斯特大奖赛（Ulster Grand Prix）后，方吉奥计划第二天前往意大利，参加在蒙扎赛车场举办的非锦标赛。然而，技术故障和恶劣天气打乱了他的行程。辗转到巴黎后，由于不愿在主场辜负玛莎拉蒂车队的期望，情急之下，方吉奥借车连夜赶往蒙扎。尽管赶在开赛前抵达赛场，但一夜未眠带来的疲惫，以及毫无准备就投入比赛的决定，似乎注定会引发一次惊心动魄的赛程。

　　比赛进入第二圈时，方吉奥的赛车突然失控翻滚，一头扎进树林。他被甩出车来，颈部受伤，命悬一线。在持续数月的疗愈期里，他无法行动，发誓以后不再疲劳驾驶。但他依旧渴望参加比赛，依旧拥有在 3 小时左右的比赛中全神贯注的能力。

左图：银石赛道上，方吉奥正坐在蓝旗亚 - 法拉利 D50 赛车中做赛前准备，他最终赢得了这场比赛的胜利

对页上图：1953 年，阿尔比的非锦标赛上，坐在 BRM V16 赛车中的方吉奥神情坚定，做好了杆位发车的准备

下图：1958 年，法国兰斯，在职业生涯参加的最后一场大奖赛开赛前，方吉奥正与迈克·霍索恩交谈

对页下图：在安特里赛道举办的英国大奖赛上，方吉奥驾驶梅赛德斯 - 奔驰赛车一骑绝尘，领先队友斯特林·莫斯（12 号车）

背页图：1954 年，法国兰斯，在加入梅赛德斯 - 奔驰车队后的首秀上，方吉奥驾驶具有流线型车身的 W196 赛车赢得冠军

"我很清楚恐惧是什么。我会被蛇吓到,我这辈子只要独自赶夜路就会心神不宁。至于竞速中的恐惧,没有,我对它从没有过恐惧。我那个年代的比赛确实不多,但致命事故并不少。目睹那些事故让我难过,但我会努力让自己不受影响。我从没有过万念俱灰的绝望,因为我知道,有一股力量始终在助我前行。"

1954 年,梅赛德斯车队重返大奖赛,方吉奥成为他们的首选车手。尽管这支高效的德国厂队仅在赛场上征战了 18 个月(在 1955 年的勒芒 24 小时耐力赛中,一辆梅赛德斯赛车失控冲向场边,导致包括车手在内的 83 人丧生,梅赛德斯车队自此退出赛车运动),但方吉奥在他所参加的 12 场比赛中斩获 8 场胜利,以及两次登台荣誉,轻而易举地赢得了职业生涯的第二座和第三座世界冠军奖杯。

斯特林·莫斯(Stirling Moss)第一次为梅赛德斯厂队征战大奖赛时,队友正是方吉奥,对他而言,没有比后者更好的导师了。两人同在梅赛德斯车队的日子里,莫斯只有一次领先方吉奥:他在 1955 年英国大奖赛上主场夺冠,方吉奥以 0.2 秒之差屈居亚军。方吉奥的另一位队友,德国车手卡尔·克林(Karl Kling),在大奖赛上取得的唯一一场胜利,也是在主场微弱领先方吉奥。两位车手也许始终也猜不透,这究竟是巧合,还是这位轮上大师有意"让贤"。以方吉奥的高尚品格来看,他很可能是有意在队友的主场为他献上这样一份"厚礼"。

1956 年,方吉奥接受了法拉利车队的邀请。他绝对想不到,正直的品格将给他带来丰厚的回报(也许只有一次例外,在赛季收官战意大利大奖赛上,他的赛车发生了故障)。尽管恩佐·法拉利鼓励麾下车手相互竞争,但皮特·柯林斯(Peter Collins)并没有这样做,在规则允许的前提下,他主动将自己的赛车让给了方吉奥,让阿根廷人能继续参加比赛。柯林斯的高尚之举助力方吉奥赢得了第四座世界冠军奖杯。赛后,方吉奥给了柯林斯一个深情的拥抱。由于英语还说不好,他只能请现场翻译向柯林斯转达感激之情,感谢他发扬了"体育界的英国绅士精神"。

对页上图：1957年，摩纳哥大奖赛，方吉奥驾驶玛莎拉蒂250F赛车（32号车）击败法拉利车手皮特·柯林斯和范沃尔车手斯特林·莫斯（18号车），第二次在蒙特卡洛的街道赛上夺冠

上图：天造地设的一对，1957年德国大奖赛，方吉奥与玛莎拉蒂250F赛车

对页下图：1957年，方吉奥驾驶着玛莎拉蒂250F赛车，在纽博格林北环弯道上纵情飞驰

柯林斯的礼让，显然也是出于对方吉奥精湛技术与高尚品格的认可。在第二年的纽博格林北环赛道上，他更是亲身感受了后者的过人实力。1957年6月，在玛莎拉蒂250F赛车的帮助下，46岁的方吉奥开启了自己职业生涯最辉煌的一个赛季，并赢得了一场为后人所津津乐道的伟大胜利。

方吉奥回归了玛莎拉蒂车队。经过升级的250F赛车，不仅外观赏心悦目，还拥有令人欲罢不能的操控性，这让方吉奥得心应手。斯特林·莫斯加入范沃尔车队（Vanwall）后，方吉奥与这位前队友横扫了1957赛季的所有比赛，其中最令人难忘的，莫过于德国大奖赛。

在纽博格林北环赛道上，方吉奥拿到了杆位。与法拉利车手柯林斯和迈克·霍索恩（Mike Hawthorn）的战术不同，方吉奥决定以轻载油起跑，随后进站加油。比赛之初，一切都按计划进行，但一次糟糕的进站加油让方吉奥从领先28秒变成了落后51秒。柯林斯和霍索恩以为胜券在握，准备携手终结方吉奥的"垄断时代"。但方吉奥在后半程强势反击，一圈圈追近对手，将自己创造的赛道圈速纪录提升了令人咋舌的24秒，并在倒数第二圈超越了柯林斯和霍索恩，仿佛二人在赛道上静止不动。

赛后，方吉奥坦言此前从没有这样冒险，以后也绝不会再这样做。赛季末，他捧回了自己的第五座世界冠军奖杯。1958赛季，在宣布退役前，方吉奥只参加了两场比赛。

告别赛场的方吉奥，成为梅赛德斯-奔驰阿根廷分公司总裁。他始终没有远离赛车运动，持续发挥着无人能及的影响力。5英尺7英寸（约1.7米）的身高和O形腿，让方吉奥看起来有些敦实，队友们甚至戏称他为"El Chueco"（西班牙语，意为"罗圈腿"），但这些表象丝毫不会削弱他迷人的气质。清澈透亮的冰蓝色双眸，温文尔雅的言谈举止，无不令人心生向往，他就是赛车场上的永恒传奇——方吉奥。

对页图：阿尔贝托·阿斯卡里，一位追求精准驾驶却异常迷信的伟大车手

右图：1953年荷兰大奖赛上的阿尔贝托，这是他驾驶法拉利500赛车获得的多场胜利之一

阿尔贝托·阿斯卡里
Alberto Ascari

夺冠时间 1952年 1953年

在为阿尔贝托·阿斯卡里举办葬礼那天，整个米兰都陷入了沉寂。每一个意大利人似乎都头顶阴霾，因为这个国家失去了最优秀的赛车手，也因为这场悲剧发生得突然且离奇。

1925年7月26日，也就是阿尔贝托殒命赛道的三十年前，他的父亲安东尼奥·阿斯卡里在法国大奖赛上丧生。两场事故至今都没有合理的解释。父子俩殒命年都只有36岁，而且都是从上一次事故中幸存下来的四天后再度发生事故。

发生致命事故那天，阿尔贝托表现反常，原本极度迷信的他摒弃了许多自己奉行多年的赛场"传统"。20世纪50年代的赛车运动危机四伏，挑战命运的安排显得有些不够理智。

尽管深知这项运动的残酷，但两届世界冠军的殒命，还是让人们措手不及，因为阿尔贝托本不该出现在周四的测试赛上。送葬队伍穿过大街小巷，一股阴郁中夹杂着错愕的气息笼罩在城市上空。

1918年7月13日，阿尔贝托出生于米兰。他先是爱上了摩托车运动，随后又不可避免地投身于赛车运动。但他只参加了几场比赛后，欧洲大陆就爆发了战争，所有赛事都戛然而止。战争结束后，阿尔贝托起初不愿意重返赛场，因为他更关心自己的妻子和两个孩子，还有与好友路易吉·维洛雷西（Luigi Villoresi）一起经营的运输公司。

维洛雷西也是一位赛车手，他一直很欣赏阿尔贝托的冷静和精明强干，他认为好友不该放弃赛车。没多久，维洛雷西说服了阿尔贝托，让他驾驶私人出资的玛莎拉蒂赛车重返赛场。这个决定直接促成了1949年阿尔贝托与法拉利车队的合作。阿

尔贝托随即在伯尔尼（Berne）创造了历史，为恩佐·法拉利带来了第一场大奖赛胜利。

阿尔法·罗密欧车队为1950年的大奖赛做好了充分的准备，但直到1951赛季人们才有幸见证了方吉奥与阿尔贝托的史诗级较量。最终，阿根廷人为阿尔法·罗密欧车队捧回了第二座世界冠军奖杯。

在意识到 Alfetta 赛车难以为继后，阿尔法·罗密欧退出了F1，这导致1952赛季出现了一时难以填补的缺额。在1954年的新规则到来之前，赛事组织者担心法拉利一家独大，于是决定将二级方程式（Formula 2）升格为世界锦标赛，此举得到了赛事管理机构的支持。而巧合的是，意大利跃马又恰好有一台极具竞争力的F2赛车。

从1952年6月到1953年6月，阿尔贝托连续斩获9场胜利。法拉利500也许是当时性能最好的赛车，而阿尔贝托精准且富于节奏的驾驶风格是使它释放全部潜能的决定性因素。在阿尔贝托的驾驭下，赛车从不会失控，他势如破竹的起跑动作令对手不知所措，分毫不差的正赛节奏令对手望尘莫及。两个赛季过后，阿尔贝托取得了20场胜利（包括F1的非锦标赛）并蝉联世界冠军。

1954赛季，阿尔贝托颗粒无收。事实上，他几乎没有参加比赛，与法拉利的财务纠纷让他转投了蓝旗亚（Lancia）。意大利车迷为这对完美组合的分道扬镳错愕不已，他们能聊以自慰的是，蓝旗亚为阿尔贝托准备了一台革命性的全新赛车——蓝旗亚D50。可事与愿违，这台仓促赶制的赛车简直就是场灾难。

对页图：1952 年，驾驶 2.0 升版法拉利 500 赛车的阿尔贝托卫冕意大利大奖赛冠军，他在家乡的名望与日俱增

左图：1953 年，法国阿尔比的一场 F1 非锦标赛上，面对少有的退赛情况，阿尔贝托显得不知所措

下图：1953 赛季，阿尔贝托正驾车驶过拉索斯弯（La Source），迎接比利时大奖赛的胜利，这是他开季三连胜的首胜

背页图：在蒙特卡洛举办的摩纳哥大奖赛上，正进行紧急制动的蓝旗亚 D50 赛车，阿尔贝托在这次落水事故中侥幸生还，但没能躲过 4 天后的致命事故

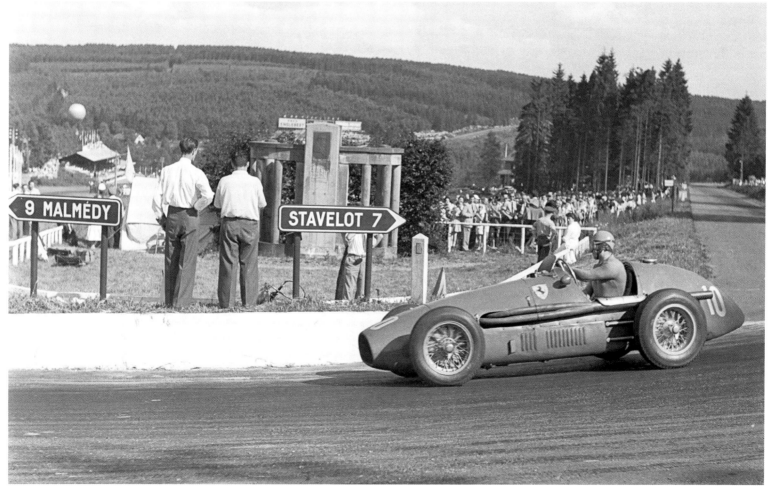

"为立于不败之地,我无数次九死一生。如我的父亲一般,我只遵从本能的召唤。若违背本能,我将如行尸走肉,我生命中的每一天将毫无意义。"

1954赛季末,蓝旗亚D50姗姗来迟,它的确很快,但阿尔贝托要使尽浑身解数才能驯服它。

1955年,经过技术优化的蓝旗亚D50给人们带来了希望,阿尔贝托接连拿下两场非锦标赛的胜利。在摩纳哥大奖赛上,梅赛德斯的两台赛车因故障退赛,阿尔贝托驾驶着蓝旗亚D50淡定领跑。然而,受到制动装置严重磨损与地面油污的双重影响,这台暗红色赛车在通过急弯时失控,撞开护栏径直扎进了海里。赛车缓缓沉入海底,阿尔贝托幸运地浮出水面,只是鼻子受了一点轻伤。

也许要感谢上天的眷顾,阿尔贝托能平静地在米兰的公寓中养伤。然而,他的迷信已经到了无以复加的地步,他惧怕黑猫,只要遇到就会掉头走开,绝不会穿行黑猫所在的街道。这一切都源于杀死父亲的那场比赛事故。阿尔贝托绝不会在任何一个月的26日参加比赛,而且只要参加比赛就必须戴上那顶淡蓝色的"幸运头盔"。

人们很难相信阿尔贝托会在5月26日驾车去蒙扎:在蒙特卡洛的灾难中侥幸生还后的第四天,他决定打破"原则",去观摩队友欧金尼奥·卡斯泰洛蒂(Eugenio Castellotti)测试一台法拉利赛车,下周末两人将驾驶那台赛车参加一场跑车比赛。

午后,阿尔贝托要求上车跑几圈,他想看看蒙特卡洛的事故是不是给自己留下了什么后遗症。接下来是更令人错愕的一幕:阿尔贝托脱下外套,戴上了卡斯泰洛蒂的白色头盔。"我就跑三四圈,我会开得很慢!"话音未落,阿尔贝托便驾车驶入那条熟悉的赛道,整个赛道上就只有他和那台法拉利。

1953 年，阿尔贝托驾驶法拉利 500 赛车夺得了英国大奖赛（对页上图）和荷兰大奖赛（对页下图）的胜利

下图：1953 年，瑞士大奖赛上，阿尔贝托在危险的布雷姆加滕街道赛（Bremgarten）上夺冠，这是他赢得的最后一场世界锦标赛胜利

前两圈阿尔贝托确实跑得很慢，但他从第三圈开始加速。那也成了他生命中的最后一圈。法拉利赛车在维龙弯（Vialone）出人意料地冲出了赛道，那是一个原本很容易驾驭的左手弯（维龙弯如今已经更名为阿斯卡里弯）。阿尔贝托从车里甩出后重重地摔到了地上，一个执着追求精准与完美的灵魂就这样离开了这个世界。

意大利举国悲恸，人们带着困惑与哀伤悼念这位车手，阿尔贝托·阿斯卡里，他是意大利赛车史上最伟大的世界冠军。

迈克·霍索恩
Mike Hawthorn

夺冠时间 1958年

对页图：1956年，摩纳哥，在伯纳德·卡希尔的镜头中，迈克·霍索恩头戴标志性的灯芯绒报童帽，系着窄版领带

左图：1958年10月，摩洛哥大奖赛，霍索恩驾驶转向不足的法拉利 Dino 246 赛车以第二名的成绩完赛，这是他参加的最后一场比赛

　　这是一个时代的印记：法拉利车队第一次选择了一位英国车手，但彼时的各路媒体对此却几乎一致保持缄默。换作现在，这条爆炸性新闻一定会成为头版头条，一定会在社交媒体上激起热烈讨论。然而，1952年年末，在霍索恩与法拉利正式签订合同后，只有寥寥几家报刊在体育版上很不起眼的位置用简短的文字做了报道。

　　两年前，迈克·霍索恩在布莱顿（Brighton）海滨区的冲刺赛中首次亮相，凭借不俗的表现一举成名。在1952年比利时大奖赛上，霍索恩以私人身份驾驶库珀-布里斯托尔（Cooper-Bristol）赛车出征，最终名列第四位。此时，他的驾驶天赋，以及对速度的掌控力已经展露无遗。得益于当时相对宽松的大环境，有人建议恩佐·法拉利给这位23岁的车手一个试车机会，恩佐欣然应允。试车后，他给了霍索恩一份1953赛季的合同。

　　6个月后，霍索恩登上了头版头条：法国兰斯，经过与胡安·曼努埃尔·方吉奥的全油门轮对轮较量，他夺得了自己的第一场大奖赛胜利。1954年，梅赛德斯-奔驰车队完全统治了比赛，这导致霍索恩的崛起没能收获应有的关注。次年，霍索恩转投了毫无竞争优势的范沃尔车队。

　　1955年，代表捷豹车队出征的霍索恩，赢得了勒芒24小时耐力赛冠军，但一次史无前例的事故给这场胜利蒙上了挥之不去的阴霾。比赛中，在与梅赛德斯车队的方吉奥进行了一番激烈缠斗后，霍索恩驾驶捷豹D型赛车准备进站，此时，另一位梅赛德斯车手，皮埃尔·列维（Pierre Levegh），为避让正在减速的霍索恩，以超过200公里/时的高速追尾了一辆正在出站的奥斯汀-希利赛车（Austin Healey）。受到猛烈冲击的梅赛德斯赛车一头扎进观众席，导致80余名观众丧生。官方调查后判定霍索恩无责，但这次事故所带来的恐惧与忧郁几乎将他击溃，甚至让他萌生了退役的想法。

"到了法纳姆的车行,我才完全回过神来,意识到自己是世界冠军。我的办公室里堆满了邮件,电话响个不停,邀请我参加晚宴、做嘉宾、参加义卖、出席活动的请柬堆积如山。唯一没人请我干的事,大概就是让我作为自由党候选人参加下一届选举。"

对页上图：1957年，摩洛哥，相比护目镜，霍索恩更青睐开放的面罩

对页下图：1958年，兰斯大奖赛，霍索恩从杆位起跑，旁边是队友路易吉·穆索和BRM车队的哈利·谢尔（Harry Schell），这是他在1958赛季取得的唯一一场胜利，赛后他悲喜交加，因为穆索在比赛中丧生

上图：1958年，葡萄牙大奖赛，霍索恩驾驶的法拉利Dino 246赛车在猛烈加速中车头上扬，在背景中北大西洋的映衬下，霍索恩和法拉利赛车这对"冠军组合"大放异彩

左图：霍索恩在BRM车队的日子磕磕绊绊，矛盾最终在摩纳哥大奖赛上集中爆发，受到练习赛中发动机故障的影响，无法起跑的霍索恩正前往维修区，但事实证明这一切都是徒劳

上图：1958 年，在波尔图（Oporto）的葡萄牙大奖赛中，在满布鹅卵石和铁轨的街道上，驾驶范沃尔赛车的斯特林·莫斯紧咬驾驶法拉利赛车的霍索恩

左图：1956 年，蒙扎，在超级科特马吉奥雷跑车赛（Supercortemaggiore）上，霍索恩与皮特·柯林斯（右）携手驾驶法拉利 625LM 赛车击败了驾驶玛莎拉蒂赛车的斯特林·莫斯（左）

对页上图：1957 年，法国大奖赛，在鲁昂-莱塞萨尔（Rouen- Les-Essarts）赛道铺满鹅卵石的发卡弯中，受制于蓝旗亚-法拉利 V8 发动机，霍索恩最终以第四名的成绩完赛，被套一圈

对页下图：1958 年，摩纳哥大奖赛，霍索恩跑出最快圈速并取得了半分钟的领先优势，但随后他的法拉利赛车燃油泵突发故障

与 BRM 车队联手度过一个漫不经心的赛季后，霍索恩在 1957 年重返法拉利，与皮特·柯林斯（Peter Collins）并肩作战。他必须全力以赴，对抗范沃尔车队和拥有方吉奥的玛莎拉蒂车队。1958 年，凭借稳定的场均完赛顺位以及一场比赛胜利（霍索恩职业生涯的第三场分站胜利），霍索恩如愿以偿，成为首位夺得世界冠军的英国车手。随后，他选择了急流勇退。

赛车对这位一向以享受生活为先的车手的诱惑力大不如前，因为他目睹了太多悲剧，体尝过常人无法想象的恐惧与痛苦：他先是在兰斯失去了法拉利队友路易吉·穆索（Luigi Musso），一个月后又与挚交皮特·柯林斯阴阳两隔；在摩洛哥捧得冠军奖杯后，他与严重烧伤的斯图尔特·刘易斯-埃文斯（Stuart Lewis-Evans）搭乘同一航班返回英格兰，几天后，埃文斯离世。

霍索恩短暂但充盈的职业生涯，恰如他跃然纸上的叛逆形象：标志性的亚麻色分头，搭配一副英俊脸庞。他喜欢戴圆点领带，甚至在比赛时也戴，他喜欢抽烟斗，喜欢在酒吧和哥们儿畅饮几杯。

29 岁时，霍索恩已经清晰地描摹出自己的未来：在经营位于萨里郡法纳姆（Farnham Surrey）的家族车行之余，客串一下赛车形象大使。1959 年 1 月 22 日，霍索恩驾驶捷豹 3.4 升轿车赶往伦敦，准备以形象大使身份参加一场活动。在吉尔福德（Guildford）附近，由于道路湿滑，捷豹轿车失控后撞到树上，霍索恩不幸罹难。这一次，他登上头版头条，却是因为永远的别离。

杰克·布拉汉姆的沉默寡言尽人皆知,但坐进后置发动机的库珀赛车时,他总能喜笑颜开,他在1960赛季拿下9场比赛中的5场胜利,包括英国大奖赛(对页图)和荷兰大奖赛(右图),进而蝉联世界冠军

杰克·布拉汉姆爵士
Sir Jack Brabham

夺冠时间 1959年 1960年 1966年

    美国大奖赛是1959赛季的收官战。在比赛即将结束时,杰克·布拉汉姆的赛车燃油耗尽,他不得不推着赛车进行400米的上坡冲刺。最终,他以第四名完赛,赢得了自己的第一座世界冠军奖杯。

    先是在佛罗里达的酷暑中持续驾车狂奔2小时,接着是400米的"人力冲刺",当库珀-极点(Cooper-Climax)赛车的轮胎轻触终点线时,布拉汉姆瘫倒在地,他声嘶力竭地喊道:"太他妈难了!"这句简洁有力的粗话刚好完美诠释了这位人狠话不多的澳大利亚车手。

    原本是工程师的布拉汉姆,在阴差阳错中成长为优秀车手。他所经历的第一场比赛,是在家乡悉尼的粗糙椭圆形赛道上举行的绕圈赛。那次,布拉汉姆作为机械师,负责照料朋友的袖珍赛车(Midget,美国和澳大利亚特有的小型车比赛)。他对这种尘土飞扬、人声鼎沸、横冲直撞的单调比赛并不感兴趣。但在朋友决定减少参赛频次后,布拉汉姆不情愿地开始以车手身份参赛。犹犹豫豫地跑完两场比赛后,他在第三场比赛中夺魁,随后又拿下1946年的新南威尔士州(New South Wales)冠军,接着是两届全国锦标赛冠军。

    一步一个脚印,1951年,在驾驶袖珍赛车夺得全国爬山赛冠军后,这位澳大利亚车手开始驾驶全尺寸赛车投身正规赛道比赛。驾驶着英国生产的库珀-布里斯托尔(Cooper-Bristol)赛车,布拉汉姆赢得了当地比赛的冠军,并因此获得了更多参赛机会。1955年,他远赴英格兰,渴望登上大奖赛的舞台。

    无巧不成书,那一年F1正在推进赛车技术改革,库珀是率下图：1959 年，摩纳哥大奖赛，低头耸肩的布拉汉姆驾驶库珀 - 极点 T51 赛车率先驶入 1 号弯，最终赢得自己的第一场大奖赛胜利

对页上图：1960 年，法国大奖赛，兰斯赛道成为布拉汉姆的"私人狩猎场"，他最终成为第一个看到格子旗的车手

对页下图：1960 年，葡萄牙大奖赛，驾驶库珀 - 极点 T53 赛车的布拉汉姆在波尔图街道再下一城

先引入发动机后置布局的车队，他们打造出一款更紧凑、轻巧、敏捷的赛车。布拉汉姆非常欣赏这样的工程创新，如愿加入库珀后，他接连取得了不错的成绩，在 1959 年的摩纳哥站上夺得了自己的第一场大奖赛胜利。随后，来到佛罗里达站的赛百灵赛道（Sebring），他拼尽全力拿下了自己的首座世界冠军奖杯。1960 赛季，尽管对手们奋起直追，布拉汉姆与他的库珀赛车还是拿下了 9 场比赛中的 5 场胜利，顺利蝉联世界冠军。

工程师出身的布拉汉姆在赛车技术上有自己的执着追求，他决定向前一步，开始打造自己的赛车。在 1962 年的德国大奖赛上，第一台布拉汉姆赛车横空出世。此后，布拉汉姆继续着自己的赛车生涯，并满足于在自己的车队中担当二号车手。他有充足的时间经营自己的赛车公司，每年为各个低组别赛事生产 80 台赛车。

1966 年 4 月，布拉汉姆迎来了自己的 40 岁生日，随着 F1 动力规则的又一次改变，布拉汉姆车队也迎来了新的机会。在对手们还踟蹰于研发纯粹且复杂的专用赛车发动机时，布拉汉姆机智地从 Repco 公司引入了源自量产车的 V8 发动机，他同时成为 F1 赛史上首位（也是截至 2022 年的唯一一位）驾驶以自己名字命名的赛车赢得 F1 分站胜利的车手。接下来，布拉汉姆乘胜追击，赢得法国站的胜利后，又连下三城，凭借在令人胆寒的纽博格林赛道（长 14 英里，约 23 公里）的出色发挥，一举斩获世界冠军，荣膺"三冠王"。

"比起我拿的前两个车手世界冠军，1966赛季获得的双料世界冠军更让我开心。我认为制造商冠军和车手冠军同等重要，而车手的光芒有时会掩盖原本属于赛车制造者的荣耀。"

对页上图：1966 年，荷兰大奖赛，布拉汉姆正驾驶 Brabham-Repco BT19 赛车施展他的招牌绝技"动力漂移"，他最终赢得了这场比赛的胜利，随后又荣膺当年的世界冠军

对页下图：1966 年，法国大奖赛，布拉汉姆携手 Brabham-Repco BT19 赛车创造了历史，成为第一位驾驶以自己名字命名的赛车夺冠的车手

下图：布拉汉姆很享受俯身检查赛车的状态。1967 年，法国大奖赛期间的一个周末，他正在检查 BT24 赛车的 Repco V8 发动机

　　这份殊荣并没有让布拉汉姆洋洋自得，性格内敛的他更愿意脚踏实地，而这与他极具侵略性的驾驶风格似乎又形成了强烈反差。

　　布拉汉姆驾车时低头耸肩的形象也许并不优雅，却令人印象深刻。比赛中，他会故意让后轮碾过赛道边缘，用扬起的沙尘好好教训一下那些挑战者们，这是他成名前在袖珍赛车比赛中摸爬滚打学来的招数。

　　一路走来，布拉汉姆的人生异彩纷呈。他是第一位驾驶私人飞机到欧洲参赛的 F1 车手。尽管如此，他依然行事低调，总会在必要的情况下亲力亲为。

　　1966 年，布拉汉姆成为第一位因对赛车运动的卓越贡献而获颁大英帝国勋章的人。授勋典礼过后，走出圣保罗大教堂的达官显贵们都被眼前的一幕惊呆了：那个刚刚获勋的男人竟然将礼帽丢在一边，躺在自己的汽车底下，抡起锤子修上了卡滞的起动机！十三年后，布拉汉姆又成为第一位凭借赛车成就受封爵士头衔的人，好在，册封典礼过后，他的汽车起动机没再出故障。

　　晚年的布拉汉姆落叶归根，回到澳大利亚颐养天年，远离了媒体的骚扰，也远离了赛场的喧嚣。他永远独来独往，沉默寡言（因此得到了"健谈的杰克"和"黑杰克"这样的绰号）。作为迄今为止唯一一位同时坐拥车手和车队世界冠军的人，布拉汉姆的名字必将永载史册。

对页图:1961年,菲尔·希尔驾驶法拉利"鲨鱼鼻"赛车与队友沃尔夫冈·冯·特里普斯同场竞技,最终成为第一位夺得F1世界冠军的美国人

左图:希尔在斯帕赛道领先特里普斯

菲尔·希尔
Phil Hill

夺冠时间 1961年

在斯特林·莫斯看来,如果你悄悄从身后靠近发车格里的菲尔·希尔,然后大吼一声"Boo!",这位美国车手能吓得蹦起3英尺高。或许平日里的希尔总是一副焦虑的神情,但只要身处驾驶舱,他就会全神贯注,沉稳老练的驾驶风格,让人们感觉冠军奖杯似乎已经是他的囊中之物。

希尔参加了48场F1大奖赛,他职业生涯的绝大多数时光都代表法拉利征战。这位加州车手在家乡的业余运动车赛中接连夺魁,他先是驾驶捷豹XK120赛车参赛,随后又在一位富有的收藏家的帮助下,驾驶法拉利赛车参赛。这引起了恩佐·法拉利的关注。

对速度的超强驾驭力,帮助希尔赢得了法拉利车队的席位,他也很快用酣畅淋漓的胜利回报了恩佐。希尔最精彩的一场比赛当属1958年的勒芒24小时耐力赛,他要驾驶赛车在深夜顶着倾盆大雨过关斩将。捧得冠军奖杯后,希尔自己都说不清是如何有如神助般地度过那个漫漫长夜的。他携手队友比利时车手奥利维尔·根德比恩(Olivier Gendebien)连创佳绩,这对组合的事迹在世界耐力赛车界传为佳话。

不同于其他狂热的美国车手,希尔渴望加入F1,恩佐对此心知肚明。1958赛季,由于路易吉·穆索和皮特·柯林斯先后意外丧生,希尔成为法拉利队内最合理的继位车手人选。在蒙扎赛道上,希尔第一次代表法拉利出战,起跑后一路领先。然而,受轮胎问题影响,他在法拉利的F1首秀最终以季军收场。在随后的摩洛哥大奖赛上,希尔主动放弃了唾手可得的第二名位置,让位于队友迈克·霍索恩,助力这位英国车手斩获世界冠军。

　　1959、1960 两个赛季，法拉利赛车逐渐落后于库珀车队和路特斯车队更轻、更快的后置发动机赛车。出人意料的是，在 1960 年的意大利大奖赛上，由于蒙扎赛道的安全问题，这两支英国车队宣布罢赛，给了希尔——这位新晋法拉利头号车手登上最高领奖台的机会。

　　得益于对规则改动的充分准备，法拉利在 1961 赛季无往不利，著名的"鲨鱼鼻"（Sharknose）赛车在前 6 场比赛中拿下 4 场胜利。赛季倒数第二场比赛中，希尔与队友沃尔夫冈·冯·特里普斯（Wolfgang von Trips）在蒙扎赛道展开了冠军争夺战，他最终获得分站胜利并加冕世界冠军。但希尔并没有心情为此庆祝，因为特里普斯不幸在这场比赛中因事故丧生。

　　原本乐交健谈的希尔，在特里普斯离世后变得郁郁寡欢。但对赛车的挚爱，让他选择留下来，继续在意大利生活，享受古典文化的浸润。事后看来，这是一个错误的决定。被自满蒙蔽的法拉利不再执着于创新研发，车队在 1962 赛季开始走下坡路。队内的恶斗让希尔陷入了千夫所指的窘境，他已经无心恋战，在收获两次季军后离开了法拉利。

　　对希尔而言，如果说在法拉利的最后一个赛季令人失望，那接下来与 ATS 和库珀合作的两年，简直就是灾难。心灰意冷的希尔选择离开大奖赛，回归自己熟悉的运动车赛。1967 年，他驾驶高尾翼夏普拉（Chaparral）2F 赛车，在布兰兹·哈奇赛道（Brands Hatch）收获了职业生涯的最后一场国际比赛胜利。

对页上图：20 世纪 50 年代初，希尔在加州参加运动车赛，藉此积累比赛经验

对页下图：由于法拉利的前置发动机赛车正面临被淘汰的窘境，希尔在 F1 的前两年过得很艰难。1960 年葡萄牙大奖赛，他正驾驶法拉利 Dino 246 赛车努力追赶，最终因撞到波尔图赛道两旁的草堆而遗憾退赛

上图：1958 年，凭借出色的发挥，希尔驾驶法拉利 250 TR 赛车收获了自己的第一座勒芒 24 小时耐力赛冠军奖杯，与他搭档的是车手奥利维尔·根德比恩

左图：1958 年，在一场 F1 赛车与印地敞篷赛车（Indianapolis roadsters）的比赛中，稍显紧张的希尔坐在法拉利 V12 赛车中，系好安全带准备挑战蒙扎的颠簸环道，最终，他在 F1 组别中头名冲线，获得全场季军

"回首往事,我对赛车如此痴狂。在法拉利,我度过了很多惬意的赛道时光。我希望在整个职业生涯中能更成熟些。不过,如果真是那样的话,我可能根本不会选择成为一名车手!"

对页上图和下图：1961年，摩纳哥大奖赛，希尔驾驶法拉利156"鲨鱼鼻"赛车准备驶出维修区，他最终获得第三名

下图：1962年，希尔驾驶法拉利156赛车在纽博格林北环飞驰

底部图：1961年，在赞德沃特赛道上的希尔

默默告别赛场后，希尔组建了自己的家庭，在圣莫尼卡经营老爷车翻新业务，成为一名家成业就的商人。闲暇时光，希尔开始撰写杂文，回顾自己在F1、勒芒等赛事上取得的成就，讲述自己如何从危机四伏的赛场上全身而退。

希尔说自己能活着告别比赛，也许是因为"还不够努力"。一句自嘲恰恰完美诠释了这位伟大车手，他总能凭借自己的睿智与专注，游刃有余地站上最高领奖台。

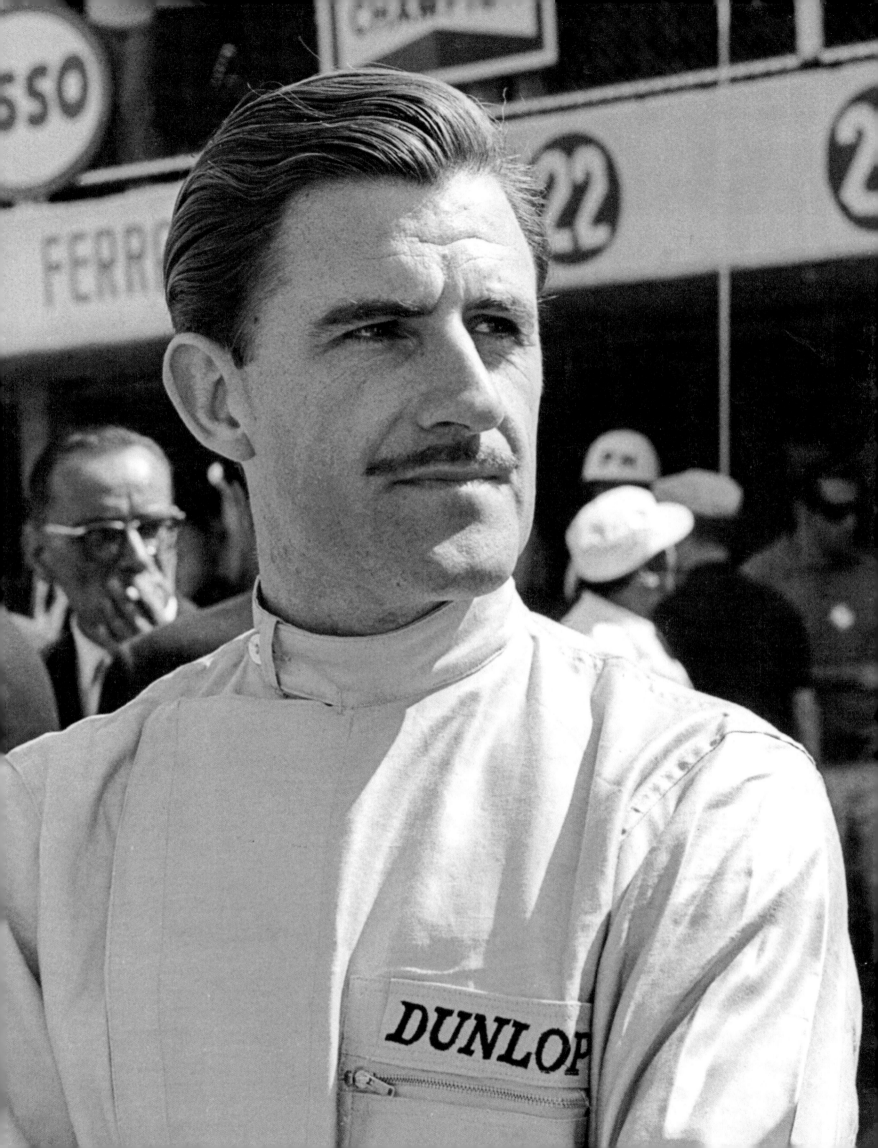

对页图：神情坚毅的格雷厄姆·希尔

右图：1962 赛季，荷兰大奖赛，驾驶 BRM P57 赛车的希尔即将迎来 F1 生涯首胜，他最终赢得了当季的世界冠军

格雷厄姆·希尔
Graham Hill

夺冠时间 1962 年 1968 年

1953 年，格雷厄姆·希尔在 24 岁生日前买下一台廉价的莫里斯（Morris）8 型汽车。他为这台已经 19 年高龄的二手车支付了 110 英镑，驾驶它穿越伦敦市区回家。这是他第一次驾驶汽车。这个故事听起来也许令人将信将疑，但一个不争的事实是：这个顽强、睿智且极具个人魅力的男人，将收获两座 F1 世界冠军奖杯。

在赛车学校里体验过几圈赛道竞速后，希尔爱上了这项运动，他一直琢磨着如何才能再次驾驶赛车，而且还不花一分钱。一个周末，希尔看完汽车比赛后，发现身上的钱已经不够回家了。在和一位车队老板攀谈过后，他顺利地搭上了回伦敦的顺风车。这是他人生中最戏剧性的一次邂逅：这位车队老板正是大名鼎鼎的科林·查普曼（Colin Chapman）。

希尔意识到，查普曼麾下的路特斯车队（Lotus），正是通往自己赛道之梦的大门。因此，他决定从机械师做起，一步步向梦想迈进。1958 年，路特斯车队在摩纳哥大奖赛迎来首秀，希尔的座驾也从租用的路特斯跑车升级为路特斯厂队赛车。他在末尾的发车格起跑，全场没有一次超车，却欣喜地发现自己一度处于第四的位置。遗憾的是，一个后轮的突然脱落让他没能完成比赛。

F1 并非像希尔原以为的那样容易：刚站稳脚的路特斯车队遭遇了严重的赛车稳定性问题。1959 年年末，受够了这一切的希尔离开路特斯，与英国的 BRM 车队签约，由此开启了一段长达 7 年的辉煌历程。

世界锦标赛在 1961 赛季变更了规则，BRM 车队耗费了一年时间才完成磨合。1962 赛季，希尔与 BRM 的合作走上正轨，在荷兰站收获了职业生涯的第一场大奖赛胜利。与同乡吉姆·克拉克（Jim Clark）进行了一个赛季的较量后，希尔最终赢得世界冠军。

右图：1958 年，摩纳哥大奖赛，希尔的 F1 首秀，他原本保持在第四的位置，但路特斯 - 极点 12 赛车的后轮突然脱落，葬送了一切

下图：1962 年，希尔驾驶 BRM P57 赛车赢下荷兰大奖赛，这是他职业生涯 14 场大奖赛胜利中的第一场

对页上图：1961 年，德国大奖赛，纽博格林赛道，希尔在湿滑的赛道上撞车后无奈退赛，神情沮丧

对页下图：1962 年，希尔在驾驶 BRM P57 赛车拿下布鲁塞尔第一轮非锦标赛后，因违反规则手推赛车起步而被取消第二轮参赛资格

1963 赛季，克拉克与路特斯 25 赛车的组合统治了赛场，BRM 车队只是小有斩获。一年后，冠军之争演变成"英国内战"：尽管在进入收官战前希尔手握 1 分的积分优势，但最终还是惜败于法拉利的英国车手约翰·苏堤斯（John Surtees），与冠军失之交臂。

1966 赛季，BRM 复杂且沉重的 H16 发动机无法适应新出台的 3.0 升排量规则，希尔决定另投他门。人们理解希尔不甘落后的心境，但难以理解他的决定，他选择重返路特斯。

很少有车手有足够的信心和胆量与吉姆·克拉克做队友，但希尔似乎愿意迎难而上。出人意料的是，在 1968 赛季的一场 F2 比赛中，克拉克因事故丧生。对路特斯车队，尤其是查普曼而言，这是灾难性打击。而希尔选择用赛道上的拼搏来驱除悲痛，他先是赢下西班牙大奖赛，随后又在摩纳哥大奖赛上用一场酣胜极大提振了车队士气。最终，凭借在墨西哥大奖赛上的神勇表现，他将第二座世界冠军奖杯收入囊中。

荣膺"双冠王"后，希尔开始驾驶私人飞机周游全国（这架飞机源于他的丰厚奖金，尤其是 1966 年的印地 500 大赛）。他游走于各档电视节目，频频在公众场合亮相，车迷们都亲切称他为"赛车先生"或"摩纳哥先生"（这是对他五次问鼎摩纳哥大奖赛的褒奖，也是对他精准控车能力的证明）。

希尔的公众形象是极其矛盾的，他拥有与生俱来的魅力，拥有令人折服的睿智，可在待人接物上却总显出几分粗鲁与傲慢，与他共事的人对此感触尤深。1969 赛季，他的事业开始走下坡路，雪上加霜的是，一次严重的事故导致他双腿骨折。

"驾驶 BRM 赛车赢得 1962 赛季收官战南非大奖赛的胜利后,我成了有史以来第一个驾驶英国赛车问鼎 F1 的英国车手。尽管冠军奖杯看起来并不起眼,但它背后有太多的辛酸与苦楚,你可以选择不去承受这一切。"

对页上图：1964 年，意大利大奖赛，希尔的 BRM P261（车号 18）赛车在起步时突发离合器故障，这严重影响了他的夺冠之路

对页下图：五次问鼎蒙特卡洛街道赛的希尔堪称"摩纳哥大师"（The Master of Monaco）

上图：1968 年 4 月，队友吉姆·克拉克在赛车事故中不幸丧生，希尔强忍悲痛，接连拿下西班牙大奖赛和摩纳哥大奖赛，极大鼓舞了深陷困境的路特斯车队。这一年，希尔驾驶路特斯 - 福特 49 赛车捧回了自己的第二座世界冠军奖杯

右图：1967 年，希尔做出了一个大胆的决定，重返路特斯车队，与吉姆·克拉克并肩作战

希尔不肯放弃比赛，仅 5 个月后，他在南非大奖赛复出，驾驶一台以私人名义参赛的路特斯赛车斩获第六名。在这段日子里，希尔既有至暗时刻，例如身为"摩纳哥先生"，却没能通过摩纳哥大奖赛排位赛；也有耀目时刻，例如在 1972 年驾驶马特拉（Matra）赛车捧得勒芒奖杯后，成为迄今为止唯一一位包揽勒芒 24 小时耐力赛冠军、印地 500 大赛冠军和 F1 世界冠军的车手。1975 年，当希尔在英国大奖赛上正式宣布退役时，人们的内心五味杂陈。

彻底告别赛场的希尔，全身心投入到 F1 车队的经营中，兴致勃勃地培养自己的得意门生，年轻车手托尼·布莱斯（Tony Brise）。这看似振奋人心的开端，却潜藏着一个悲剧性结局。

1975 年 11 月 19 日，在法国南部完成赛车测试后，希尔一行乘坐一架双发飞机返回驻地。他们途中遭遇冻雾，试图在埃尔斯托里（Elstree）迫降，但没能成功，希尔、托尼·布莱斯以及另外四名车队成员不幸遇难。当晚，广播和电视节目都第一时间播报了希尔遇难的消息。

世界各地的车迷都为希尔的突然逝去深感悲恸，没人能否认他赢得两次 F1 世界冠军和 14 场大奖赛胜利背后的付出，更没人会质疑他的胆识与睿智。即使是那些并不关心赛车的人们，也愿意向这位大英帝国勋章获得者、勇敢且优雅的英国车手楷模，致以最崇高的敬意。

吉姆·克拉克与路特斯-极点 25 型赛车是一对战无不胜的组合：1962 年，在安特里赛道举行的英国大奖赛上，这位苏格兰车手即将收获一场酣胜（左图）

吉姆·克拉克
Jim Clark

夺冠时间 1963年 1965年

　　吉姆·克拉克长眠于彻恩赛德教堂（Chirnside）的庭院中，他的墓碑上刻着这样两个称谓："Farmer"（农民）和"World Champion Motor Racing Driver"（世界冠军车手）。这也许是对这位苏格兰天才车手最恰如其分的诠释。克拉克生于 1936 年 3 月 4 日，卒于 1968 年 4 月 7 日，他在短暂的 32 年人生路上书写了常人无法企及的精彩，他是那个年代最伟大的车手。

　　对 20 世纪 60 年代的赛车史稍有了解的人一定不会忘记，克拉克在一场 F2 比赛中遇难，赛车界一片哗然。这凸显了一个严峻的事实：那个时代的赛车运动可谓险象环生，哪怕像克拉克这样驭速度于股掌间的车手也会马失前蹄。更何况，克拉克在车迷们心中是坚不可摧的象征。

　　克拉克其实并不想成为聚光灯的宠儿。初识赛车运动时，在朋友们的鼓动下，他半推半就地驾驶着邻居的两冲程 DKW 轿车参加了一场俱乐部比赛，结果刷出了比那台车此前最佳成绩足足快 3 秒的圈速。朋友们为此欣喜若狂，他们不想让克拉克的天赋白白浪费，于是干脆组建了一支车队，买下一台最新款路特斯（Lotus）Elite 跑车。1958 年的节礼日（Boxing Day，英国每年的 12 月 26 日为节礼日）前，新车准时运抵肯特郡，克拉克将驾驶它出征布兰兹·哈奇赛道（Brands Hatch）。

　　参加这场比赛的还有路特斯汽车公司创始人科林·查普曼（Colin Chapman），他将驾驶亲手打造的 Elite 赛车参赛，人们都期待他能赢得胜利。此前从未跑过布兰兹·哈奇赛道，更不曾驾驭过 Elite 赛车的克拉克，在赛道被雨水打湿的艰难状况下，取得了惊人的领先优势。如果不是受到一辆套圈车的影响，他就能稳操胜券。查普曼对克拉克印象深刻，他决定将这个天赋禀异的小伙子培养成伟大车手。

　　1960年,克拉克与路特斯车队携手开启新赛季,他起初征战的是低级别方程式比赛。当时,路特斯车队的F1阵容包括头顶赛车手和摩托车手世界冠军光环的约翰·苏堤斯。由于比赛档期重叠,在荷兰大奖赛上,克拉克代替苏堤斯驶上了赞德沃特赛道(Zandvoort),一度跑到全场第四位。尽管最终遗憾退赛,但克拉克凭借抢眼的表现顺利获得了比利时大奖赛的参赛资格。

　　克拉克对斯帕赛道的感受五味杂陈。两年前,他在这里为苏格兰同乡驾驶捷豹D型赛车时,目睹了另一位同乡阿尔奇·斯科特·布朗(Archie Scott Brown)在事故中丧生。比利时大奖赛期间,克里斯·布里斯托(Chris Bristow)和好友艾伦·斯泰西(Alan Stacey)在同一个周末双双遇难,这使克拉克对斯帕赛道的忌惮之心进一步加剧。

　　同乡和好友的接连离去,让克拉克开始厌恶斯帕-弗朗科尔尚赛道。然而,这条令他难以释怀的赛道,又像赞德沃特一样,多次见证他F1生涯的胜利时刻。1962年,路特斯引入25型赛车后不久,克拉克在斯帕赢得了第一场大奖赛胜利(这是他在斯帕赛道取得的四场胜利中的首胜)。查普曼精心打造的赛车不仅创造了赛场纪录,还凭借轻量且坚固的单壳体车身树立了全新的设计标准。一路过关斩将的克拉克本能拿下冠军,但考文垂-极点(Coventry Climax)V8发动机在最后一场比赛中突发机油泄漏故障,让他只能铩羽而归。

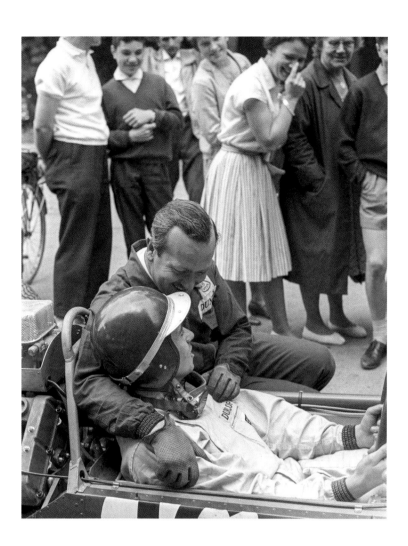

对页上图：1960 年，在波尔图街道举办的葡萄牙大奖赛上，由于练习赛中一次罕见的失误，克拉克的路特斯 - 极点 18 型赛车前鼻轻微受损（可见修补痕迹），他此时正在冲击第三名

对页下图：克拉克对斯帕赛道心存芥蒂，但他在那里赢得了四场胜利。1962 年，他驾驶路特斯 25 型赛车拿下斯帕首胜

左图：1962 年，比利时站，科林·查普曼正在祝贺克拉克夺得第一场大奖赛胜利

下图：1963 年，克拉克在兰斯赛道（Reims）上驾驶路特斯 25 型赛车飞驰，这是他在那个赛季取得的七场胜利中的第三场，他最终如愿收获了自己的第一座世界冠军奖杯

1963年，德国大奖赛，克拉克驾驶赛车如闪电般划过纽博格林北环赛道，尽管一路领先，但他最终因发动机失火而屈居亚军

    1963年，克拉克接连斩获7场胜利，毋庸置疑地统治了赛场，尽管在蒙扎的冠军争夺战中受到了两年前那场赛道事故调查行动的影响，但他还是笑到了最后（1961年，驾驶法拉利赛车的德国车手沃尔夫冈·冯·特里普斯与驾驶路特斯赛车的克拉克发生碰撞事故，前者丧生，同时导致14名观众遇难）。

    两年后，克拉克在蒙扎赛道又一次举起了世界冠军奖杯。随着在美国的印地500大赛中一举夺魁，克拉克与他的路特斯赛车达到了职业生涯的巅峰。坊间传言他将急流勇退，与恋爱多年的女友完婚，然后荣归故里，安享农场生活。

    可实际上，克拉克并没有止步不前，反而比以往更加专注，积极投身于F2、F1和印地赛。移居巴黎后，他逐渐适应了辗转于世界各地不同赛事的劳顿生活。尽管税务问题使他在英格兰（还有他挚爱的苏格兰）的活动受到一些限制，但每年的英国大奖赛上他都会准时现身。

    熬过艰难的1966赛季，搭载福特-考斯沃斯DFV发动机的路特斯49型赛车横空出世，它助力克拉克在1967年7月的银石赛道上取得了一场久违的胜利。车迷们不会想到，这将是他们最后一次在主场领略克拉克的风采。

    1968年，在轻松夺得揭幕战南非大奖赛的胜利，并横扫澳大利亚和新西兰的系列赛后，克拉克于4月7日来到霍根海姆（Hockenheim）参加F2比赛。当天，阴云密布，克拉克不紧不慢地保持在第八位，后面没有追击者，而他似乎也不打算再进一步。一场匪夷所思的事故不期而至：在一个轻松的右手弯，那台路特斯49赛车猛然冲出湿滑的赛道，一头扎进树林里（道旁没有任何护栏），克拉克当场殒命。

    这场惨烈的事故登上了头版头条，各路报道都详尽回顾了克拉克辉煌的职业生涯：参加了72场大奖赛，斩获25场胜利，拿下33个杆位，领跑6331英里（约10189公里），夺得28次最快单圈。

"我从没想过要向自己或别人证明什么。我在乎的是，把赛车开快是什么感觉，在一条赛道上疾驰是什么感觉，换一台赛车又会是什么感觉。我很享受这一切。最初，我只是一个业余车手，赛车只是爱好而已，我从没想过要成为世界冠军。"

对页上图：1964 年，比利时大奖赛，克拉克驾驶路特斯 25 型赛车一反常态地做出甩尾动作

对页下图：1964 年，荷兰大奖赛，赞德沃特赛道，科林·查普曼正与克拉克分享胜利的喜悦

下图：1965 年，德国大奖赛，驾驶路特斯 - 极点 33 型赛车的克拉克距胜利仅一步之遥，这是他当季取得的第六场胜利，最终他收获了自己的第二座世界冠军奖杯

底部图：1967 年，路特斯 - 福特 49 型赛车的引入，使克拉克再次看到了夺冠的希望。墨西哥收官战的酣胜，让人们无法想象次年 4 月这位天才车手就将撒手人寰

显然，车迷们心中的克拉克远不止于此。这位素常略显羞涩，一坐进驾驶舱便如鱼得水的天才车手，总能轻松而优雅地在赛场上跑出令人咋舌的速度。车迷们不会忘记他驾驶福特 - 路特斯 - 科尔蒂娜赛车（Ford Lotus Cortina）以刁钻的角度入弯取乐，更不会忘记他 1964 年在奥尔顿（Oulton）公园赛道上分别驾驶 GT 赛车、跑车和轿车斩获三连冠。这一切辉煌背后的原因都很简单，他能做到，赛场上的克拉克只是在享受纯粹的竞速之乐。

而立之年撒手人寰的克拉克，对赛车运动的影响至深至远。这位标志性人物的离去，甚至一度使赛车运动黯淡无光。

约翰·苏堤斯是迄今为止唯一一位跨最高级别摩托车运动和汽车运动的双料世界冠军，1964 年，他驾驶法拉利赛车夺得 F1 世界冠军（右图）

约翰·苏堤斯
John Surtees

夺冠时间 1964年

　　约翰·苏堤斯是跨摩托车运动和汽车运动的双料世界冠军，但这项无与伦比的成就仅仅展现了他职业生涯的一小部分。作为一个率真的人，直言不讳为他带来了无数荣誉，但也阻断了他更进一步的道路。

　　出生于摩托车运动世家的苏堤斯，在体尝多次胜绩后，选择加入 MV 奥古斯塔车队（MV Agusta），随后风卷残云般将 7 座世界冠军奖杯收入囊中。天赋异禀的苏堤斯，在 1960 年投身汽车赛事之初就展现出过人实力。尽管苏堤斯既不知道古德伍德（Goodwood），也不了解赛车性能，但他成功地在低级别方程式拿到前排发车位，并以第二名完赛，仅次于吉姆·克拉克。

　　在摩纳哥大奖赛上演 F1 处子秀后两个月，苏堤斯便站到了英国大奖赛的领奖台上——他驾驶路特斯厂队赛车赢得亚军。在葡萄牙大奖赛上，他原本稳操胜券，却因事故功亏一篑——赛车燃油泄漏浸湿了他的鞋子，导致他没能及时踩下制动踏板。无论以何种标准评判，苏堤斯的初出茅庐都堪称惊艳。在征战了 348 场比赛、获得 255 场胜利后，他选择淡出摩托车运动，全身心专注于汽车赛事。

　　1962 年，恩佐·法拉利第一次向他抛出橄榄枝，但苏堤斯断然拒绝，他认为法拉利将过多精力放在了车手和车队政治上。次年，恩佐罕见地再次试图将苏堤斯招入麾下，这次双方一拍即合。苏堤斯顺势拿下跑车赛冠军，又在德国站斩获首场大奖赛胜利。在帮助法拉利重返巅峰的同时，苏堤斯利用精湛的驾

驶技巧，在1964赛季凭借两场酣胜，与吉姆·克拉克一起成为夺冠热门。最终，他在收官战墨西哥大奖赛上以第二名完赛，依靠积分优势如愿捧得世界冠军奖杯。克拉克的路特斯赛车在最后一圈突发故障，遗憾退赛。

1965年，在协助洛拉赛车公司（Lola）测试T70赛车时，苏堤斯因赛车前悬架支撑件断裂导致的事故，身受重伤。在熬过漫长且痛苦的康复期后，苏堤斯凭借对竞速的执着重返赛场，在1966年比利时大奖赛上一举夺魁。然而，苏堤斯在法拉利的岁月并非一帆风顺，他最厌恶的政治斗争还是不期而至。赛季中途，在与精于政治斗争的车队经理欧金尼奥·德拉戈尼（Eugenio Dragoni）彻底决裂后，苏堤斯愤然离去，无奈转会实力不济的库珀车队，但出人意料地在墨西哥大奖赛上收获了又一场胜利。

1967年，本田车队向苏堤斯敞开怀抱，他们的V12发动机与洛拉底盘的组合颇具竞争力。为本田效力期间，苏堤斯在意大利大奖赛上取得了F1生涯的最后一场胜利。1968—1969赛季，他只能在BRM车队苦苦挣扎。

1970年，苏堤斯组建了自己的车队。受年轻车手迈克·海尔伍德（Mike Hailwood）驾驶苏堤斯赛车在F2锦标赛中取得名次的鼓舞，苏堤斯开始亲手设计打造属于自己的F1赛车。然而，在付出长达9个赛季的卓绝努力后，财务困境与身体抱恙的双重压力促使他最终放弃了造车梦。

对页上图:同胞车手英尼斯·爱尔兰(Innes Ireland,左)和吉姆·克拉克正围观苏堤斯的路特斯-极点18型赛车,1960年,苏堤斯驾驶这台赛车征战葡萄牙大奖赛,但与胜利失之交臂

对页下图:1962年,英国大奖赛在安特里赛道举行,苏堤斯正全神贯注地驾驶洛拉-极点(Lola-Climax)4型赛车,他最终以第二名完赛

上图:1964年墨西哥大奖赛,苏堤斯驾驶法拉利158型赛车(因政治原因采用法拉利北美车队NART涂装)驶过发卡弯,他最终斩获第二名,并凭借积分优势荣膺世界冠军

左图:1963年德国大奖赛,在艰险的纽博格林赛道上,苏堤斯驾驶法拉利赛车夺得F1首胜,吉姆·克拉克的路特斯-极点赛车突发故障并没有影响到他

"纸面上的成绩不足以诠释我的天赋。但我犯了些愚蠢的错误,在赛车上太过情绪化,而赛场需要的是冷静,我被自己的小梦想冲昏了头。回顾过往,如果我在正确的时间选择了正确的赛车,就会收获更多胜利。然而,那样我也许就不会像现在这样满足。"

对页图：1966 年比利时大奖赛，苏堤斯凭借在湿滑的斯帕赛道上的出色发挥强势夺冠，这是他最后一次驾驶法拉利赛车出战。此后，由于与车队经理决裂，他选择离开法拉利

下图：苏堤斯驾驶本田 V12 赛车征战两个赛季，在 1967 赛季的意大利大奖赛上收获了自己的 F1 生涯最后一胜

底部图：在开始驾驶属于自己的赛车前，苏堤斯驾驶迈凯伦 - 福特 M7C 赛车参加了 4 场比赛［摄于 1970 年西班牙大奖赛期间的哈拉马赛道（Jarama）］

此后，苏堤斯开始悉心经营工厂租赁和建筑修复业务。这期间，他并没有远离自己深爱的赛车，儿子亨利（Henry Surtees）在这项运动上展现出的傲人天赋令他倍感欣慰。然而，2009 年，天降噩耗，亨利在一场 F2 比赛中被一条脱落的轮胎击中头部，生命永远定格在 18 岁。儿子的离世让苏堤斯痛苦不已，但顽强与执着的品质支撑着他投身于一项更伟大的事业：为脑部受伤的年轻人筹集康复训练善款。

2017 年 3 月，苏堤斯以 83 岁高龄辞世，世界赛车界无不为之哀悼，在意大利，人们亲切地赋予他"Grande John"之名。

丹尼斯·"丹尼"·霍尔姆（丹尼斯·克里夫·霍尔姆）
Denis 'Denny' Hulme（Denis Clive Hulme）

夺冠时间 1967年

对页图：丹尼斯·霍尔姆不愿接受命运的安排。坐进驾驶舱时，他会全神贯注。1967年德国大奖赛，他驾驶布拉汉姆-Repco BT24赛车一马当先，巩固了年度冠军的地位（左图）

丹尼斯·霍尔姆烧伤严重，护士不得不将零钱塞进他裹着纱布的手中，他才能自己买一张回家的火车票。到站后，他只能等待别人把车厢门打开。刚下火车，又传来噩耗，那天早晨，他最好的朋友布鲁斯·迈凯伦（Bruce McLaren），在测试加美系列赛（CanAm）赛车时不幸丧生。一时间，霍尔姆的生活跌入了谷底。

霍尔姆可能是F1赛史上最顽强，也最寡言的世界冠军。在得知迈凯伦车队可能分崩离析时，他毅然决定驾驶那台难以驯服的迈凯伦M8D赛车，去征战两周后在加拿大举办的比赛。他必须让车队重振士气，告慰逝去的挚友。

比赛那天，霍尔姆在莫斯波特赛道（Mosport）拿到第三名。赛后，他在驾驶舱里坐了一会儿，由于四个星期前赛车事故造成的烧伤尚未痊愈，他的手甚至无法从方向盘上移开。

在印地500大赛的练习赛上，驾驶舱前的燃油箱盖突然打开，几滴甲醇沿着风窗玻璃向后飞流，落到赛车尾部炙热的涡轮增压器上。这台以超过180英里/时（约290公里/时）速度飞驰的迈凯伦赛车瞬时迸发出团团烈焰。霍尔姆的皮手套被甲醇浸透了，腾起难以察觉的淡蓝色火焰，他纵身跳出行驶中的赛车。消防队员们飞奔向燃烧的赛车，却没有意识到霍尔姆也已经烈焰缠身。幸运的是，他的烧伤集中在手部，身体其他部位并无大碍。

这次事故发生在1970年5月，10年前，霍尔姆手握"新西兰车手赴欧参赛计划"奖学金来到英格兰寻求发展机会。这位内敛的新西兰人从不靠耍嘴和托情来推进事业，他只懂得脚

上图：1965 年，摩纳哥大奖赛，霍尔姆驾驶布拉汉姆 - 极点 BT17 赛车上演 F1 首秀

对页上图：1966 年，霍尔姆驾驶布拉汉姆 - Repco BT20 赛车助力杰克·布拉汉姆夺得世界冠军（摄于蒙扎）

对页下图：1967 年，摩纳哥大奖赛，霍尔姆驾驶布拉汉姆 -Repco BT20 赛车战胜法拉利车队的洛伦佐·班迪尼（Lorenzo Bandini）和 BRM 车队的杰基·斯图尔特，赢得大奖赛首胜

踏实地。1961 年，霍尔姆开着自己老迈的福特轿车，拖着一辆库珀赛车横跨欧洲大陆参加低组别方程式，全程无怨无悔。

第二个赛季，职业发展停滞不前的霍尔姆成为杰克·布拉汉姆手下的机械师。到了赛季末，幸运女神终于降临，布拉汉姆车队的一名低级别方程式车手受伤，霍尔姆迎来了登场机会，并由此获得了 1963 赛季的席位。他不负众望，赢得 7 场胜利。1966 赛季，霍尔姆与杰克·布拉汉姆携手亮相 F1 赛场。那一年，他南征北战，同时驾驶布拉汉姆 - 本田赛车参加 F2 比赛，驾驶福特厂队赛车在勒芒斩获第二名，在印地 500 大赛收获第四名（并获最佳新人奖），还在加美系列赛中荣膺年度亚军，仅次于布鲁斯·迈凯伦。在霍尔姆的默默支持下，杰克·布拉汉姆又一次捧得 F1 世界冠军奖杯。

1967 赛季，霍尔姆迎来 F1 生涯的高光时刻，驾驶简单可靠的布拉汉姆 -Repco 赛车（Brabham-Repco）赢得世界冠军，成为迄今为止唯一一位获此殊荣的新西兰车手。

蒙特卡洛、纽博格林等知名赛道的领奖台上，都曾留下霍尔姆的身影，这足以证明他的无所不能。退役前，霍尔姆又相继收获了 6 个分站冠军。1974 年，在迈凯伦车队服役 7 个赛季后，他告别了心爱的 F1 赛场。

霍尔姆有一个广为人知的绰号"The Bear"（熊），这源于他投身赛场的初衷和一以贯之的态度：他因爱而来，只愿享受比赛，而不是在赛后数小时为赛车存在的问题而绞尽脑汁，如

"一开始,我只想比别人开得更快。比赛就这么一天,要玩儿得尽兴,再把赛车完好地开回来。一旦你知道自己有机会拿世界冠军,就会渴望得到它。你要把强烈的渴望带上赛道,但你不能让机会稍纵即逝。"

对页上图：1968 年，蒙扎赛道，驾驶迈凯伦 - 福特 M7A 赛车的霍尔姆即将迎来胜利

对页下图：慵懒粗糙的外表下藏着一个温暖且正直的灵魂

上图：1973 年，瑞典大奖赛，霍尔姆用自己的方式庆祝来之不易的胜利（倒数第二圈才决出胜负）

下图：1969 年，墨西哥大奖赛，霍尔姆驾驶迈凯轮 - 福特 M7A 赛车轻松获胜

果记者们提出的问题毫无意义，他就会严词拒绝，尽管这让他看起来有些粗鲁，但了解他的人都很清楚，他其实是一个温暖且正直的男人，就像憨厚的棕熊。霍尔姆还有一个似乎与外表更为矛盾的爱好：亲手给蒸汽机添加燃料，然后静静地看着它在蒸汽喷涌中缓慢运转。

霍尔姆对竞速的渴望始终没有消减，离开 F1 后，他又投身房车比赛。1992 年，在新南威尔士州参加巴瑟斯特 1000（Bathurst 1000）比赛时，56 岁的霍尔姆突发心脏病，他靠着惊人的意志，耗尽最后一丝力气，成功地让赛车缓缓停下，没有影响任何人，没有造成任何事故。这位平和的新西兰人一贯如此，直到生命最后一刻。

标志性的灯芯绒报童帽、长发、灿烂笑容，这就是杰基·斯图尔特展现给人们的形象。1968年，德国大奖赛，他在雨雾弥漫的纽博格林北环取得了一场伟大胜利（右图）

杰基·斯图尔特爵士
Sir Jackie Stewart

夺冠时间 1969年 1971年 1973年

坐拥三座F1世界冠军奖杯，即使被困在一台燃油泄漏的赛车里依然能镇定自若，这就是杰基·斯图尔特爵士，一位在国际赛车界具有毋庸置疑影响力的苏格兰车手。

在1966年比利时大奖赛上经历了可怕的事故后，斯图尔特开始重新审视赛事安全问题。以现在的标准衡量，当时的车手保护和急救措施几乎是零。赛车界曾经盛行的观点是："赛车就是一项危险运动，不喜欢就别参加。"

斯图尔特在斯帕赛道遭遇的事故，凸显了赛场严重缺乏意外状况急救措施的问题。那台BRM赛车冲出湿滑的赛道后，斯图尔特被困在车里动弹不得，赶来救援的两名车手向观众借来扳手拆下方向盘后，才将他从严重变形的驾驶舱里拉出来。那时F1赛场上的安全隐患还远不止于此，斯图尔特和救援队员甚至惊讶地发现，比赛现场没有任何能处置汽油烧伤和骨伤的应急医疗用品。

事后，斯图尔特顶着赛车圈"卫道士"们的明嘲暗讽，主导发起了一场旨在重塑赛场安全观的运动。有些人说他是被"吓破了胆"，但他用F1赛史上最伟大的一场胜利有力地回击了他们。1968年8月，德国大奖赛，他以整整4分钟的优势在湿滑的纽博格林北环夺冠，这条14英里（约23公里）长的赛道潜藏着100余个致命险弯，在雨雾天气下更是令弱者胆寒。

一向自信不疑的斯图尔特，也曾因微弱劣势错失了1960年奥运会英国飞盘射击队的名额，尽管这让他的信心受到了不小

旅行途中的斯图尔特与妻子海伦（Helen），两人青梅竹马（右图）。自1964年投身F3锦标赛开始，斯图尔特便统治了赛场，他曾驾驶Cooper-BMC T72赛车在鲁昂（Rouen）赛道夺冠（下图）

打击，但他很快在赛车运动中闯出了名堂，赢得了为前木材商肯·泰利尔（Ken Tyrrell）的F3车队效力的机会。

1964年，身在泰利尔车队的斯图尔特几乎横扫F3赛场，只与两场胜利失之交臂。随后，路特斯车队向他抛出橄榄枝。精明的斯图尔特接连两次拒绝了路特斯的邀请，因为他不想与自己的偶像吉姆·克拉克成为搭档，他最终选择加入拥有格雷厄姆·希尔的BRM车队。

1967年年底，斯图尔特故技重施，拒绝了法拉利的邀请，选择重返泰利尔车队，因为肯·泰利尔当时刚刚带队闯进了F1。与其说斯图尔特的决定是源于对肯·泰利尔的信任（双方只有口头约定，没有书面协议），倒不如说他是看中了泰利尔为赛车选择的法国马特拉（Matra）底盘，因为他在征战F2时就与马特拉公司有过良好合作。1968赛季，斯图尔特始终处于争冠行列，但在收官战中惜败于格雷厄姆·希尔。到了1969赛季，斯图尔特终于如愿捧起世界冠军奖杯，浅蓝色的马特拉MS80赛车因此成为他的挚爱。

夺冠后，受政治因素影响，马特拉不得不放弃福特-考斯沃斯V8发动机，改用自家的V12发动机。斯图尔特和肯·泰利尔都认为马特拉的"全套法国组合"缺乏竞争力，事实也证明了他们的判断。但与此同时，作为卫冕世界冠军的斯图尔特，也要面对在1970赛季无车可开的尴尬境地。

买一台马驰-福特赛车看起来是唯一的选择（斯图尔特也确

上图和左图：1965年，意大利大奖赛，蒙扎赛道，斯图尔特驾驶 BRM P261 赛车赢得了自己的第一场大奖赛胜利，这是他在 F1 的处子赛季

"我做车手的那个时代,(相比抗争)对赛事安全问题保持缄默要容易得多。如果总讲些大家爱听的话,我就会是一个更受欢迎的世界冠军。不过,那样我可能就活不到现在了,请注意,但我确实会更受欢迎……"

对页上图：1968 赛季，德国大奖赛，斯图尔特驾驶马特拉 - 福特 MS10 赛车在第六位起跑，他看准时机（照片右侧的混凝土维修通道），准备超越杆位发车的法拉利车手杰基·伊克斯（Jacky Ickx）。驾驶高尾翼路特斯 - 福特赛车的格雷厄姆·希尔从法拉利身旁挤了过去。斯图尔特在 1 号弯从第三位赶超到第一位，并一直保持到比赛结束

对页下图：斯图尔特在棘手的克莱蒙·费朗（Clermont Ferrand）街道赛中赢得过不止一次胜利。1969 年，他驾驶泰利尔车队（Tyrrell）名下的马特拉 - 福特 MS80 赛车夺冠

下图：斯图尔特与海伦相拥庆祝 1969 年法国大奖赛的胜利

实驾驶这台桀骜不驯的赛车夺得了一场大奖赛胜利），但肯·泰利尔不愿再求助于他人，他决定打造一台自己的赛车，于是在自家林场的棚屋中开启了"造车计划"。这一次，敏锐的斯图尔特选择与这位如父亲般的车队老板站在一起。

1971 赛季，斯图尔特与泰利尔赛车无往不利，斩获第二座世界冠军奖杯。次年，过度疲劳导致的溃疡困扰了斯图尔特好几个月，但他还是拿下 4 场胜利。痊愈后的斯图尔特在 1973 年上演王者归来，凭借 5 场胜利夺得第三座世界冠军奖杯，辉煌成就的背后是他付出的常人无法想象的努力。

在纽博格林，斯图尔特克服短轴距赛车的缺陷，以举重若轻的驾驶风格迎来了职业生涯第 27 场胜利，这是他的最后一场大奖赛胜利，也创造了当时的胜场纪录。这场"胜似闲庭信步"的比赛似乎与人们以往对赛车运动的印象格格不入，但它恰恰展现出斯图尔特令人愉悦的大局观与掌控力。

1973 年，意大利大奖赛，斯图尔特前几圈原本保持第五位，但随后因进站更换轮胎落后了一圈。在蒙扎这种少弯的高速赛道，斯图尔特将自己的优势发挥到极致，以外科手术般精准的操控和与生俱来的速度掌控力成功解套，出色地以第四名完赛。一个月后，时年 34 岁的斯图尔特宣布退役。

离开赛场的斯图尔特从不避讳外界的关注，他做过咨询师和评论员，一直是媒体的宠儿。他以顽强的毅力摆脱了阅读困难症的影响，凭借一副好口才和自嘲式的幽默感赢得了众多蓝

对页上图：马特拉 - 福特 MS80 是斯图尔特最钟爱的 F1 赛车。1969 年，他驾驶这台赛车赢得 6 场大奖赛胜利（包括马特拉的主场法国大奖赛），藉此夺得自己的第一座世界冠军奖杯

对页下图：在商业氛围尚不成熟的 1971 年，法国大奖赛，保罗·里卡德赛道（Paul Ricard），象征冠军的桂叶环显然严重影响了斯图尔特的形象

下图：全神贯注的斯图尔特戴着标志性的苏格兰格纹图案头盔，他职业生涯参加了 99 场大奖赛，取得了 27 场胜利

底部图：1972 年，阿根廷大奖赛，斯图尔特驾驶泰利尔 003 赛车获胜，由此开启了一个艰难的赛季

筹公司的青睐。1997 年，斯图尔特依靠丰富的人脉和经验，与儿子联手组建了以自己姓氏命名的 F1 车队。父子俩在出售这支车队前取得了一场大奖赛胜利，这是斯图尔特赛车生涯中的又一座里程碑。

2001 年，斯图尔特受封为爵士，这与他被授予大英帝国官佐勋章（OBE）相隔了三十年。一个头衔与一枚勋章，浓缩了这位世界冠军的精彩人生，也见证了人们对他的尊重和爱戴。

斯图尔特从未在赛场上流过一滴血。但他经历了 57 位车手被赛车事故吞噬的痛苦，决心推进赛事安全改革，他的勇气与执着挽救了无数鲜活的生命。

约亨·林特：魅力超凡，驭速于心。这位奥地利车手驾驶路特斯72型赛车以过人的技术赢得1970赛季F1世界冠军（左图）

约亨·林特
Jochen Rindt

夺冠时间 1970年

　　仅仅6场大奖赛胜利不足以诠释约亨·林特的伟大。也许没有哪位世界冠军能像这位奥地利车手一样，在比赛时为观众奉上如此纯粹的观赛快感。

　　林特对自己的驾驶技术胸有成竹，他从不按教科书上的套路出牌，因为对"弯心反打"驾轻就熟的他早已摆脱了刻板技法的束缚。

　　家境殷实、无忧无虑的林特，将汽车视为或代步、或满足自由竞逐之乐的工具。一头奔放的金色卷发，以及走在时尚前沿的着装品味，都让他看起来像是天生的职业车手。

　　林特的父母在1943年的一次轰炸中丧生，他由祖父母抚养长大，21岁那年继承了营收颇丰的家族香料进口生意。拥有个人财富后，他很快买下一台库珀（Cooper）初级方程式赛车，在参加第二场比赛时就拿到了冠军。

　　1964年，林特晋级F2，一场精彩绝伦的比赛让他成为媒体竞相追捧的对象：在伦敦南部狭窄的水晶宫赛道（Crystal Palace track），他驾驶深蓝色涂装的布拉汉姆赛车击败了一众大奖赛明星车手，获得了以私人名义参加奥地利大奖赛的邀请。然而，林特在家乡的比赛中并没能得到幸运女神的眷顾，恼人的机械故障让他抱憾退赛。接下来的四个赛季，林特像中了魔咒一般，尽管付出了卓绝努力，但在竞争乏力的库珀和布拉汉姆赛车的拖累下，他始终颗粒无收。

　　1969年，林特转会卫冕冠军路特斯车队。在西班牙大奖

右图：1965年，德国大奖赛，林特驾驶库珀-极点T77赛车夺得第四名，这是他在首个完整F1赛季中取得的最好成绩

下图：可靠性一塌糊涂的布拉汉姆-Repco BT26赛车，让林特在1968年10次无奈退赛，其中包括比利时大奖赛

赛上，他的赛车因尾翼故障引发碰撞事故，这导致他鼻梁骨折、下颚破裂。为此，林特发表了一封直言不讳的公开信，对F1的赛场风险大加指摘。这让车队老板科林·查普曼很是被动，林特与车队的关系也因此变得有些微妙。

在银石赛道，林特与杰基·斯图尔特贯穿全场的史诗级较量令人津津乐道，但赛车故障又一次让他铩羽而归。在美国大奖赛上，林特终于迎来了胜利，但这场迟来的胜利并没有打消他对是否应该留在路特斯车队的疑虑。1970年，查普曼推出了惊世骇俗的路特斯72型赛车，他说服了林特为车队继续征战。

起初，全新的72型赛车并没能展现出应有的实力，路特斯车队只好继续使用老旧的49型赛车——这已经是这台赛车服役的第4个赛季。摩纳哥大奖赛上，徘徊在中游位置的林特十分不满。比赛正酣时，由于竞争者的接连退赛，林特看到了胜利的曙光。尽管杰克·布拉汉姆领先了15秒，他依然享受着这份意料之外的挑战，用对胜利的渴望点燃了赛场。

凭借比自己排位赛成绩快2.6秒的圈速，林特大幅缩小了与布拉汉姆间的差距。来到最后一圈，两人仅有1.3秒之差。重压之下的布拉汉姆在最后一个弯道出现了失误，林特没有让胜利从指间溜走，他顺势超越对手，以再次刷新全场纪录的圈速，在欢呼声中圆满完赛。

此役过后，被重新启用的72型赛车渐入佳境，林特开始大放异彩。那个夏天，他接连斩获4场胜利，赛道旁的山呼海啸

左图：1968年，西班牙大奖赛，林特正在协助机械师处置故障频出的布拉汉姆赛车

下图：1969年，蒙特惠奇公园赛道（Montjuich Park），格雷厄姆·希尔正在帮助受伤的林特。林特驾驶的路特斯49型赛车因尾翼故障引发碰撞事故，他鼻梁骨折、下颚破裂，而希尔在西班牙站刚刚遭遇了同样的事故

"约亨和我在F1比赛中共同成长,他是我认识的最真诚的人之一,怎么想就怎么说,因此人们对他褒贬不一。作为车手,我非常尊敬他。我们在赛道上建立起绝对的信任,我们相互理解,这样的感受我只在与吉姆·克拉克共处时拥有过。"

杰基·斯图尔特爵士

对页上图和下图：1970 年，法国大奖赛，克莱蒙·费朗赛道（Clermont Ferrand），林特驾驶路特斯 - 福特 72 型赛车取得一场酣胜

下图：1970 年，摩纳哥大奖赛，林特驾驶路特斯 49 型赛车在最后一个弯道上演了惊天逆转

与驾驶舱中的镇定自若相映成趣。9 月赛季即将结束时，林特领跑积分榜进军意大利大奖赛。

此时，林特变得异常谨慎，布鲁斯·迈凯伦和好友皮尔斯·卡里奇（Piers Courage）相继在事故中丧生让他一度心神不宁，甚至有传言称他将在赛季结束后退役。

蒙扎排位赛上，林特的路特斯赛车在终点前的最后一段大直道上加速到 180 英里 / 时（约 290 公里 / 时），入弯制动时突然向左偏离赛道，一头撞上护栏立柱。猛烈的撞击使车头瞬间断裂，林特不幸当场殒命。

尽管这个赛季还有 4 场比赛，但林特凭借积分优势已经稳稳锁定冠军奖杯，他因此成为 F1 赛史上唯一一位逝后被追授的世界冠军。在那个用生命与速度搏斗的时代，林特的成绩来之不易，车迷们无不为之扼腕叹息，他短暂而非凡的赛车生涯必将永载史册。

据好友回忆，1970 年 9 月 5 日，事故发生前，在最后一次坐进自己心爱的赛车时，林特面带笑容，快乐而满足。

1972年，埃默松·菲蒂帕尔迪驾驶路特斯赛车发挥出色，成为当时F1赛史上最年轻的世界冠军（对页图），1974年他驾驶迈凯伦赛车（左图）再次夺冠

埃默松·菲蒂帕尔迪
Emerson Fittipaldi

夺冠时间 1972年 1974年

初到英国时，埃默松·菲蒂帕尔迪还只是个籍籍无名的愣头青，生涯成绩单上只有一个大众方程式（Formula Vee）年度冠军。18个月后，他驾驶路特斯赛车在F1赛场首秀。又过了3个月，这位巴西车手就夺得了第一场大奖赛胜利。他能在短时间里取得斐然成绩，显然得益于异禀天赋，以及与生俱来的非凡魅力和面对压力的泰然自若。

凭借在福特方程式比赛和英国F3锦标赛中展现出的统治力，菲蒂帕尔迪获得了晋级F1的机会。1970年英国大奖赛，23岁的菲蒂帕尔迪在第三台路特斯厂队赛车中开启了自己的F1生涯，他几乎感受不到什么压力。但仅仅2个月后，车队顶梁柱约亨·林特在蒙扎的事故中不幸丧生，让重担瞬间压到了他的肩上。

菲蒂帕尔迪不仅要出征美国站，还要捍卫林特的积分榜领先地位，他必须面对法拉利车队杰基·伊克斯的强势挑战，后者是拥有30余场大奖赛经验、已经在1970赛季拿到两场胜利的资深车手。

比赛前一晚，心急如焚的菲蒂帕尔迪发起了高烧。糟糕的状态让他在比赛开始后一度跌到第8位。稳定心绪后，菲蒂帕尔迪重整旗鼓，在尽可能避免失误的同时，不放过任何一个可能超越对手的机会。经过2小时的激烈角逐，他奇迹般地成为第一个看到格子旗的车手，这让在场的每一个人都感觉难以置信，包括他自己。这场胜利极大鼓舞了全队的士气。接下来，菲蒂帕尔迪与路特斯赛车的配合愈发默契，尽管轮胎问题困扰了他们整整一年。

1972年，随着技术问题逐一破解，菲蒂帕尔迪连下几城，凭借绝对优势顺利登顶，成为当时F1赛史上最年轻的世界冠军。12个月后，由于对车队策略不满，他选择转投迈凯伦车队。

左图：路特斯痛失约亨·林特后，菲蒂帕尔迪临危受命，夺得1970年美国大奖赛的胜利，这是他的第四场F1比赛

下图：1972年，法国大奖赛，菲蒂帕尔迪正驾驶路特斯-福特72型赛车飞驰，他即将赢得自己的第一座世界冠军奖杯

对页图：1973年，菲蒂帕尔迪在家乡巴西大奖赛的比赛中强势起跑并最终取胜（下图）。之后的奥地利大奖赛中，由于路特斯72型赛车突发油管脱落故障，他与胜利失之交臂，这也影响了他在与杰基·斯图尔特的世界冠军争夺战中的表现（上图）

　　一向重视团队合作的菲蒂帕尔迪，与迈凯伦的新西兰机械师们相处融洽，他们对夺冠抱有同样热切的渴望。1974年1月，迈凯伦取得完美开局，菲蒂帕尔迪在家乡（巴西大奖赛）的比赛中夺得杆位和一场酣胜，这让他一夜间成为国民英雄，他的故事激励了一大批心怀赛车梦的巴西青年。

　　赛季尾声，竞争进入白热化，菲蒂帕尔迪与法拉利的克雷·雷加佐尼（Clay Regazzoni）并列积分榜第一位，他们将聚首收官战美国大奖赛，在沃特金斯·格伦赛道（Watkins Glen）决一雌雄。

　　美国大奖赛本该是菲蒂帕尔迪的福地，但排位赛上他只拿到第8位。雷加佐尼的状态更糟，位列第9，尽管他在头一圈就蛮横地将对手挤上了草地。菲蒂帕尔迪已经无路可退，他"全油门"发起反击，在正赛中一马当先，为迈凯伦捧回了渴望已久的首座世界冠军奖杯。

　　1975赛季，菲蒂帕尔迪赢得了两场胜利，但迈凯伦一直被法拉利压制。赛季临近结束，由于与车队间的分歧已经难以弥合，菲蒂帕尔迪宣布离队，与哥哥威尔森（Wilson）联手创建了一支名为科贝苏卡尔（Copersucar，巴西赞助商，后更名为菲蒂帕尔迪车队）的全巴西阵容车队。

　　一方面受困于资金和人力不足，另一方面受制于赛车技术革新运动，菲蒂帕尔迪车队一直在苦苦挣扎。讽刺的是，引领这场赛车技术革新运动的人，正是菲蒂帕尔迪在路特斯车队的前老板、天才设计师科林·查普曼。1982年，菲蒂帕尔迪从F1退役两年后，菲蒂帕尔迪车队也宣告解散。

"你当然需要天赋,还有出色的控车技术。但比赛远不止于此。你要一直思考,思考如何改进赛车,如何提高驾驶技术,同时扪心自问,要学习什么技能才可能达到更高的水平。你一定要全神贯注,这样才能有更好的表现。如果能做到这些,就说明你已经踏上了梦想与冠军之路。"

在巴西参加过卡丁车比赛后,菲蒂帕尔迪发现自己仍然无法拒绝竞速的诱惑。1984年,受北美最高级别单座赛车大赛CART邀请,头顶F1双冠王光环的菲蒂帕尔迪在北美开启了职业生涯新征程。

38岁时,菲蒂帕尔迪依然具有敏锐的赛场嗅觉,他连续11年每年至少能赢得一场胜利,最终在1989年荣膺CART年度冠军。此外,他还两次问鼎著名的印地500大赛。1996年,菲蒂帕尔迪在自己50岁生日前夕宣告退役,活力四射的他看起来至少比实际年龄小10岁。

菲蒂帕尔迪总能保持健康阳光的形象,因此一直担任赛车运动和私人赞助商的形象大使。与南美同胞、前世界冠军胡安·曼努埃尔·方吉奥一样,他周身散发着庄重而平静的气息。作为竞技英雄,他对自己的成就感到满足,而作为顾家的男人,他很感恩自己能身经百战而安然无恙。

在职业生涯最后一年,菲蒂帕尔迪经历了最严重的一次事故。在密歇根赛道,他的赛车以近190英里/时(约306公里/时)的速度冲向缓冲区,剧烈的碰撞导致他脊柱骨折、肺部损伤且伴有大量内出血。在医院治疗一段时间后,菲蒂帕尔迪与6岁的儿子卢卡(Luca)驾驶轻型飞机前往自己位于巴西的橙子农场休养。正所谓祸不单行,途中飞机突然失去动力,他们不得不紧急迫降在一片沼泽中。硬着陆的冲击导致菲蒂帕尔迪的背部伤势严重恶化。救援队赶到前,鲜血已经浸透了他的衣服。一群秃鹫盘旋在空中伺机而动,卢卡只能挥舞手臂驱赶它们。

整个职业生涯,菲蒂帕尔迪参加了144场大奖赛和195场印地系列赛,而这次由密歇根赛道开启的"夺命之旅",显然最为惊心动魄。

对页图：1974 年，巴西大奖赛，菲蒂帕尔迪在英特拉格斯赛道再下一城

上图：1974 赛季的最后一场比赛中，菲蒂帕尔迪全神贯注，顶住了法拉利车队克雷·雷加佐尼的挑战

左图：1975 年年底，菲蒂帕尔迪离开迈凯伦车队，与哥哥联手创建了全巴西阵容的科贝苏卡尔车队

1977年,尼基·劳达赢得了自己的第二座世界冠军奖杯(右图),上赛季经历的惨痛事故,更赋予这座奖杯非凡的意义

尼基·劳达
Niki Lauda

夺冠时间 1975年 1977年 1984年

　　回顾自己的25场大奖赛胜利,尼基·劳达认为1977年的南非大奖赛最为完满,他竭尽所能驾驶着故障状态的法拉利赛车冲过了终点线,更重要的是,他挺过了伤痛的煎熬,再次与胜利相拥。

　　7个月前,劳达经历了一场严重的赛车事故,大家都以为他挺不过来,甚至为他做了临终祷告。然而,6周后,他不仅重新坐进赛车驾驶舱,还在赛季伊始就奇迹般地拿下分站胜利,为自己的第二次夺冠之旅奠定了坚实的基础。这次复出后,劳达成为自我成就的典范,他的故事为人们所津津乐道。

　　要走近这位24岁的奥地利车手,就不得不提起一桩唏嘘往事:为参加大奖赛,他以自己的人寿保险作抵押,通过银行贷款获得了马驰车队(March Engineering)的车手席位,但事后却发现,那台他寄予厚望的赛车是马驰制造的最糟糕的赛车之一。

　　在经历了颗粒无收的1972赛季后,劳达开始与曾经声名显赫的BRM车队接触,假装承诺他能给这支日薄西山的车队带来赞助。就在需要向车队支付第一笔赞助费的那个周末,他在摩纳哥大奖赛上过关斩将,一度处于第三位,领先两台法拉利赛车。尽管最终因发动机故障退赛,但好消息还是纷至沓来,不仅是BRM车队决定与他续约,而且不再要求他提供赞助,就连大名鼎鼎的恩佐·法拉利也被他的表现所折服,邀请他在1974赛季加盟意大利跃马。命运的安排让劳达难以置信,他毫不犹豫地接住了恩佐抛来的橄榄枝。

　　缺乏经验和耐心所导致的失误,让劳达与处于上升期的法

上图：1972 年，劳达的 F1 生涯险些被复杂且迟钝的马驰 - 福特（March-Ford）721X 赛车葬送

左图：1973 年，摩纳哥大奖赛，劳达驾驶 BRM 赛车一度处于第三位，这助力他拿到了法拉利车队的合同

对页图：1974 赛季，劳达用敏锐的头脑掌控着法拉利 312B3 赛车（上图），但偶发的失误让他与世界冠军失之交臂，例如德国大奖赛（下图），他在第一圈就撞上了另一台赛车

拉利车队错失了 1974 赛季的世界冠军。第二年，劳达重振旗鼓，凭借顽强的学习能力，以及一台更棒的赛车，在赛季的 14 场比赛中夺得 9 个杆位，斩获 5 场分站胜利，最终首次荣膺 F1 世界冠军。

来到 1976 赛季，随着詹姆斯·亨特（James Hunt）加入迈凯伦车队，一系列扣人心弦的竞逐开始了。亨特与劳达的对决，完美地朝着观众所期待的方向发展，潇洒的英国绅士大战高傲的奥地利学究。然而，两人的故事意外地被一场悲剧打断：德国大奖赛上，在纽博格林北环赛道，由于过弯走线过宽，劳达的赛车撞到了护栏上，紧接着又被后车追尾，顿时燃起熊熊烈焰。

由于事故地点太过偏远，赛道工作人员没能第一时间赶到，几位车手冒险将劳达从烈焰中救了出来。他的头盔在剧烈碰撞中甩了出去，这导致他在失去意识后吸入大量有害气体和浓烟。新闻报道称，劳达的肢体和呼吸道都严重烧伤，人们以为他挺不过那一晚。

然而，奇迹降临了，他靠着顽强的意志苏醒过来，强忍着灼烧的剧痛，拒绝了神父的临终祷告。劳达不仅活了下来，还准备参加两个月后的意大利大奖赛，这恐怕是他最乐观的支持者都难以期许的。

这期间，亨特奋起直追，两人的积分差距正不断缩小。只剩 4 场比赛了，但劳达还有机会，他头上裹着纱布，以令对手胆寒的意志，在蒙扎赛道夺得了第四名。

亨特与劳达携手将悬念带到了赛季最后一场比赛，日本大

"尽管事故很严重（1976 年），但我很幸运，再晚 10 秒，我也许就不在了。作为车手，我决定去冒这个险。而作为一家航空公司的经营者，我要将乘客安全运送到目的地，这是截然不同的重任，两百多个生命永远定格在一次旅程中，那是我人生的至暗时刻。"

奖赛。面对倾盆大雨，劳达毅然选择了中途退赛，而坚守到最后的亨特如愿问鼎 F1。赛后，法拉利管理层准备以"发动机故障"为由，掩饰劳达主动退赛的行为，但劳达没有接受，他明确表示，大雨中的赛道存在太多危险因素，他对自己的生命安全非常担忧，因此才决定退赛。刚从鬼门关闯过来的劳达，做出这样的选择显然是无可指摘的。

1977 年，劳达没有再让世界冠军从自己手上溜走，但胜利后的喜悦却很快被法拉利的内部斗争冲散。转投布拉汉姆车队后，受制于孱弱的赛车，劳达依然没能走出阴霾。他已经受够了这一切，在加拿大大奖赛的练习赛上中途退出。劳达将头盔和防火服扔到了维修区的柜子上，就此暂别赛场，创建了劳达航空公司（Lauda Air）。

得益于劳达经营有方，劳达航空对家乡的奥地利航空公司（Austrian Airlines）形成了不小的压力。与此同时，F1 赛车在技术上的突飞猛进，重新点燃了劳达对竞速的渴望。迈凯伦老板罗恩·丹尼斯（Ron Dennis）说服了劳达，安排他在 1982 年复出。很多人认为这是一个愚蠢的决定，但务实且敏锐的奥地利人却并不这么想。

那一年，在自然吸气发动机逐渐失去竞争力前，劳达拿下了两场比赛。1984 年，迈凯伦推出了搭载涡轮增压发动机的顶尖赛车，而劳达也做好了再次冲击世界冠军的准备，他彼时唯一的对手就是新队友阿兰·普罗斯特（Alain Prost）。这位法国车手比劳达年轻 6 岁，对速度的驾驭力似乎也更胜一筹。劳达对此了然于心，尽管在胜场数上不及普罗斯特，但他凭借镇定

上页图：1976 年，在经历德国大奖赛的惨痛事故后仅仅 6 周，劳达便戴着特制头盔，奇迹般地现身大利蒙扎赛道

右图：1979 年年末，劳达第一次退役，1982 年，他选择以迈凯伦车手的身份复出。1984 年，英国大奖赛，布兰兹·哈奇赛道，劳达取得胜利后，拿到第三名的埃尔顿·塞纳（Ayrton Senna）将他的手臂高高举起

下图：1984 赛季收官战葡萄牙大奖赛上，劳达驾驶迈凯伦 - 泰格 MP4/2 赛车位列第二，以积分优势捧得自己的第三座世界冠军奖杯

自若的状态和丰富的经验拿到了更多积分，最终凭借半分的优势捧得自己的第三座世界冠军奖杯。1985 赛季末，劳达正式宣布退役，全身心投入到航空公司的业务中。

作为车手，劳达经受了赛场事故带来的身心磨难。而作为航空公司经营者，他将面临一场更为严峻的痛苦考验：劳达航空的一架波音 767 自曼谷起飞后不久，从 2800 英尺（约 8534 米）的高空坠落到一片人迹罕至的雨林中，机上 223 人全部遇难。

劳达强忍悲痛赶到事发现场。机体破坏严重，"黑匣子"已经无处可寻。随着调查的深入，线索逐渐显现，作为资深飞行员，劳达非常确信事故是左翼发动机反推装置意外开启所致。

但波音公司坚持认为，即使出现这种情况，飞行员只要正确操作也完全能避免事故，因此空难的主要责任要由劳达航空承担。

事故过后 8 个月，劳达参加了为 23 名无法确认身份的遇难者举办的大型葬礼。他大受触动，决心要讨回公道。随后，劳达前往西雅图，怒斥波音公司的冷漠态度，坚持要求亲自使用波音 767 的模拟器，通过精确模拟空难状况来判定事故原因。正如劳达所料，他的多次模拟结果均表明飞机在反推装置故障的情况下无法修正，波音公司不得不承认是发动机故障导致了空难，而非劳达航空的飞行员操作不当。

这是属于尼基·劳达的又一次伟大胜利，比他在赛场上取得的胜利更加耀眼，散发着人性的光辉。

左图：1984年，劳达驾驶迈凯伦MP4/2赛车取得了5场分站胜利，而他的队友阿兰·普罗斯特取得了7场分站胜利。最终，劳达凭借稳定的发挥和老到的谋略，以半分优势夺得世界冠军

下图：标志性的红色棒球帽既是劳达遮盖疤痕的利器，也是一个极具价值的广告位

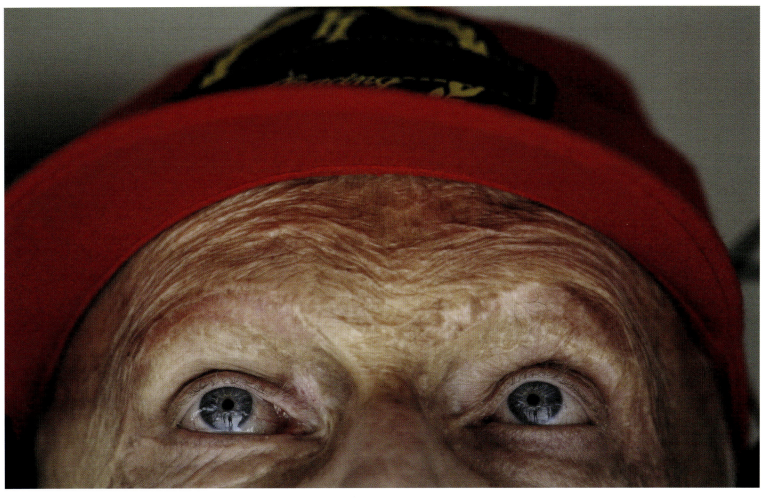

1976年，詹姆斯·亨特作为迈凯伦车手夺得F1世界冠军，离经叛道且桀骜不驯的天性让他获得了超乎寻常的关注

詹姆斯·亨特
James Hunt

夺冠时间 1976年

　　詹姆斯·亨特是一个迷人的矛盾体。作为世界冠军，每个比赛日坐进驾驶舱前，他都会感到不适，紧张和期待会让他有更出色的发挥。他叛逆，但在红灯熄灭的一瞬，他又会凭借天赋和车手直觉毅然接管比赛。

　　争强好胜的天性注定了他非比寻常的人生。他一旦定下一个目标，比如修复一台受损的 Mini 去参加比赛，就会一直向着目标坚定前行，哪怕他既不知道怎样修，也没有钱修。他不在乎人们称呼他"Hunt the Shunt"（碰撞大王亨特），这位身材魁梧、微微驼背的英国车手，对每一件事都会百分百投入。

　　亨特出生在伦敦富人区一个殷实而勤劳的家庭，他是五兄妹中最放浪不羁的一位。凡是要求体能和手眼配合的运动，他都很擅长（他的壁球达到了英国郡级职业选手的水平）。亨特原本对赛车一无所知，直到有一天，碰巧看到一场俱乐部比赛，他就爱上了这项运动。

　　刚拿到驾照不久，亨特就喜欢在公路上高速飞驰。他享受驾驶的快感，渴望在竞速中展现自我。在 18 岁生日前夜，他告诉父母，他未来不仅要做一名车手，还要成为世界冠军。

　　纵使壮志在心，亨特为将这份天真想法变为现实，依然奋斗了 11 个春秋。职业生涯的前七年，他经历了冲突、碰撞、心碎和艰辛，但这一切都敌不过他的天资与意志。

　　八面玲珑的赫斯基思勋爵（Lord Hesketh）给亨特的赛车生涯带来了转机，这位腰缠万贯的企业家看中了他身上的特质，

将他视为自己进军 F1 的完美筹码。这对活力充沛的组合前景可期，赫斯基思为亨特提供了一台极具竞争力的赛车。在 1975 年的荷兰大奖赛上，亨特迎来了自己的第一场 F1 胜利。遗憾的是，当年年底，由于经费挥霍一空，赫斯基思车队被迫解散，亨特陷入了无车可开的境地。所幸，这样的日子不会太久。

临近开赛日，前世界冠军埃默松·菲蒂帕尔迪突然宣布离开迈凯伦车队，组建属于自己的 F1 车队。亨特抓住机会，加入迈凯伦，在竞争的激流中奋力前行。然而，1976 赛季的 F1 形势波诡云谲，有关这个跌宕起伏、充满戏剧性的赛季的故事，在近四十年后被搬上了银幕——2013 年上映的由朗·霍华德（Ron Howard）执导的影片《极速风流》（Rush）。

对亨特构成最大威胁的对手是法拉利车队的尼基·劳达，整个赛季，两人都可谓历尽磨难。亨特在西班牙大奖赛上取胜，赛后却因技术违规被取消成绩（判罚后来又被撤销），他同时还要熬过与迈凯伦赛车的磨合期。而劳达在德国大奖赛遭遇严重事故险些丧命，他随后以惊人的毅力重返赛场，带着领跑积分榜的优势挑战余下的四场比赛。

亨特在英国大奖赛上取得了一场激动人心的胜利，但赛后又被取消成绩，在意大利大奖赛上被罚到末位发车。两次与胜利擦肩而过都源于技术违规，这更加坚定了他夺冠的决心。拿下加拿大大奖赛和美国大奖赛后，亨特将冠军悬念带到了最后一场比赛。在收官战日本大奖赛上，面对湿滑的赛道，开赛仅 2

对页上图:1975 年,荷兰大奖赛,亨特在赞德沃特赛道击败了法拉利车队的尼基·劳达,艰难地取得了自己的第一场大奖赛胜利,下个赛季他就将迎来职业生涯的高光时刻

对页下图:1973 年,摩纳哥站,代表赫斯基思车队出战的亨特驾驶马驰 - 福特 731 赛车献上了精彩的大奖赛首秀

上图和左图:赫斯基思 - 福特 308B 赛车的问世,让人们看到了赫斯基思车队对胜利的渴望,尽管他们依旧钟情于香槟和派对。1975 赛季结束时,三次登上领奖台的亨特收到了车队被迫解散的噩耗,陷入无车可开的窘境,所幸他很快将迎来转机

"由于之前只拿到一场大奖赛胜利，我在 1976 年几乎还是默默无闻。我被推进深渊，只能用自己的方式面对，毫不妥协，只管去做。那是绝对疯狂的一年，接下来，我就成了世界冠军，不得不说，我非常满足。"

对页上图：1977 年，英国大奖赛，亨特以标志性的"一手香槟，一手香烟"动作庆祝胜利

对页下图：1976 年，法国大奖赛，保罗·里卡德赛道，亨特驾驶的迈凯伦-福特 M23 赛车领先劳达驾驶的法拉利 312T 赛车

下图：1976 年，日本大奖赛，在昏暗的富士赛道上，亨特驾驶迈凯伦 M23 赛车斩获第三名，最终凭借积分优势赢得世界冠军

底部图：1976 年，德国大奖赛，纽博格林领奖台，亨特和队友约亨·玛斯（Jochen Mass，左）与泰利尔车队的乔迪·谢科特（Jody Scheckter）在一起，焦急地等待着有关劳达事故的进一步消息

圈劳达便选择了退赛。最终，亨特位列第三，以领先 1 分的微弱积分优势夺得世界冠军。

亨特凭借执着和天赋登上了最高领奖台。然而，此后的两个赛季，孱弱的赛车使他对竞速的热爱逐渐转变为恐惧。最终，1979 年 6 月，他突然宣布退役。离开赛场的亨特成为 BBC 电视台的权威解说员，迷上了饲养虎皮鹦鹉。相比过往的纸醉金迷，他变得宁静而自得。故事的结局令人唏嘘，1993 年 6 月，年仅 45 岁的亨特因突发心脏病离世。

内外兼修的马里奥·安德烈蒂，拥有异常丰富的赛事经验，他是名副其实的冠军车手。1978 年，这位健壮的小个子车手正驾驶路特斯 79 赛车向最高领奖台进发

马里奥·安德烈蒂
Mario Andretti

夺冠时间 1978年

本书中，只有少数世界冠军能与马里奥·安德烈蒂在赛车成就上比肩。这位美国车手在长达五十年的职业生涯中硕果累累。F1、印地赛车、纳斯卡（NASCAR）、F5000（Formula 5000）、原型车赛（sports prototypes）、短程泥地赛（sprint cars）、小型车赛（midgets），安德烈蒂在这些赛事中取得过多场胜利，还多次捧得年度冠军奖杯。最令人难忘的一场比赛，无疑是 1978 年的意大利大奖赛，他以一场酣畅淋漓的胜利问鼎 F1。

这场比赛对出生在莫托文（Motovun，距蒙扎 500 公里，现属克罗地亚）的安德烈蒂而言，可谓荣归故里。第二次世界大战末期，莫托文划归南斯拉夫后，安德烈蒂一家悄悄返回了意大利，与 9 个家庭挤在一个只用挂毯分隔的修道院大厅里，度过了 7 年时光。

在艰辛的岁月里，有两件事彻底改变了安德烈蒂：1954 年，14 岁的他观看了人生中的第一场大型汽车比赛，阿尔贝托·阿斯卡里驾驶法拉利赛车的场景对他产生了深远影响；次年，他们一家移民美国。

来到宾夕法尼亚州后，安德烈蒂抓住一切机会，利用小型赛车和短程泥地赛车学习驾驶技术，几乎任何一座有原始泥地赛道的城市都留下过他的身影。从泥地到椭圆形赛道，各式比赛将他磨砺成出色的车手。无论何时何地，他都钟情于竞速，永远对胜利满怀渴望。

坐在马驰-福特701赛车中的安德烈蒂并不满意，他驾驶这台由美国石油和燃油添加剂制造商STP赞助的赛车，只在1970赛季完成了一场比赛

1978年，安德烈蒂驾驶名为"黑美人"（Black Beauty）的路特斯-福特79赛车，在赞德沃特的弯道中紧凑走线，即将赢得胜利

不像那些美国对手，安德烈蒂对F1了如指掌。路特斯车队老板科林·查普曼看过他在印地500比赛的表现后，便邀请他参加1968年的意大利和美国大奖赛。安德烈蒂自然没有让机会溜走。由于比赛赛程和赛事规则的冲突，安德烈蒂没能实现在蒙扎的首秀。接下来，在沃特金斯-格伦赛道上，尽管不熟悉这条位于纽约州的赛道，此前也只是驾驶路特斯赛车完成了几圈测试，但安德烈蒂拿到了杆位，表现十分抢眼，直到赛车发生故障退赛。

这场比赛也许足以确保安德烈蒂拥有不错的发展前景，但F1分散的赛程让他一时间很难有所成就，他不得不妥协，暂时专注于美国国内的比赛。1976年正式与路特斯车队签约后，F1成为安德烈蒂的职业主轴，他开始帮助前冠军车队走出低谷。出自设计天才查普曼之手的路特斯79型赛车，在安德烈蒂的驾驭下大放异彩。1978年，在坚持参加美国国内比赛，频繁往返于两大洲的情况下，安德烈蒂拿到了6场分站胜利。

赛季末，安德烈蒂拖着疲惫的身体再次来到蒙扎，他只要拿到第六位就能夺得世界冠军。尽管最终毫无悬念地登上了最高领奖台，但一次意外让他留下了永久的遗憾。比赛中，队友罗尼·皮特森（Ronnie Peterson）在第一圈的连环撞车事故中身受重伤。自成为职业车手以来，安德烈蒂经历过多次悲剧，但这一次来得太突然，也太过伤感：当他开车去医院探望皮特森时，公路收费站的工作人员告诉他，他的挚友已经离世。

"我侥幸躲过很多事故。那么多伟大的车手,都没能完满地结束自己的职业生涯。这是我那个年代赛场上最令人伤感的事。我活了下来,这是我能拿到多项赛事冠军的主要原因。你觉得我很幸运吗?没错,我真的很幸运。"

对页上图：安德烈蒂职业生涯共参加 128 场大奖赛，获得了 12 场胜利

对页下图：1977 年到 1978 年年初，安德烈蒂驾驶路特斯-福特 78 赛车崭露头角，随后改为驾驶路特斯 79 赛车

下图：1971 赛季，安德烈蒂驾驶法拉利赛车夺得自己的第一场大奖赛胜利。1982 年，在职业生涯的最后两场大奖赛中，安德烈蒂短暂回归马拉内罗，驾驶红色赛车在蒙扎夺得杆位并以第三名的成绩完赛

底部图：安德烈蒂继续在美国征战，53 岁时夺得了职业生涯最后一场胜利

征战 F1 三个赛季后，安德烈蒂回归印地赛，并在 1984 年第四次赢得冠军。对竞速的渴望已经融入安德烈蒂的血液中，在以 53 岁高龄夺得最后一场职业比赛胜利后，他依依不舍地告别了赛场。

得益于儿子和孙子都走上了职业车手这条路，安德烈蒂的名字总能出现在赛事报道中。这位矮小但壮实的意大利裔美国人，凭借不失分寸的幽默风格，受到了记者们的欢迎。

拥有过人天赋的冠军车手也许会层出不穷，但绝不会再有哪一位车手，能以如此独到的人格魅力，在纷繁的赛事中，完美诠释"冠军车手"的定义。

1974年，布兰兹·哈奇赛道，乔迪·谢科特驾驶泰利尔赛车夺得职业生涯第二场大奖赛胜利（右图），直到5年后加入法拉利车队，这位南非车手才最终捧起世界冠军奖杯（左图）

乔迪·谢科特
Jody Scheckter

夺冠时间 1979年

    1980年7月15日，早上10点，乔迪·谢科特宣布将在赛季结束后退役。这个时间点的选择令人措手不及。正如新闻所报道的那样，他拒绝了法拉利车队第三个赛季的巨额合同。

    车手一般不会轻易放弃F1里最受追捧的车队席位，更别提他此时还是卫冕世界冠军。但这就是谢科特的行事风格。驾驶赛车对他而言已经毫无吸引力。相比为赚钱而比赛，这位乖张的南非车手宁愿以9年前空降欧洲赛场的速度离开F1。

    如果你关注过1971年3月的布兰兹·哈奇非锦标赛，就很难不被这位"无名"车手在垫场赛中的表现所吸引。当时，谢科特身上只有奖励南非车手赴欧参赛的3000英镑奖金，以及初生牛犊不怕虎的自信。在肯特赛道上，由于福特方程式赛车在湿滑路面上失控，他与唾手可得的冠军擦肩而过。尽管如此，他对速度的驾驭天赋也展露无遗：在一条极具挑战性的赛道上，驾驶一台从未接触过的陌生赛车，表现可圈可点。

    18个月后，谢科特驾驶迈凯伦车队的第三台赛车参加了美国大奖赛。1973年，他获得了更多参加F1的机会，但由于时常出事故，得到了"弗莱彻"这个外号，这是《天地一沙鸥》（Jonathan Livingston Seagull, Richard Bach, 1970年）一书中描述的一只在练习飞行时常常撞向悬崖的海鸥。

    至少在1973年的英国大奖赛上，你不会认为对谢科特的嘲讽是毫无根据的：第一圈快结束时，他的一次失控导致了严重的连环碰撞事故，所幸受牵连的车手们都无大碍。

　　肯·泰利尔被璞玉般的谢科特打动了,这位行事严谨的车队老板给了他一个绝佳的机会,他在1974年迎来自己的首个完整赛季,并以瑞典和英国大奖赛的胜利回击了那些流言蜚语。然而,接下来的3个赛季里,他再没有亮眼表现,寥寥几场胜利让他几乎淡出了人们的视野。1977年,谢科特加入新成立的沃尔特狼队(Walter Wolf Racing)。对于一支羽翼未丰的车队,外界的怀疑是可以理解的,但他们很快就在阿根廷大奖赛的首秀上,以前所未有的方式赢得了胜利。

　　为测试狼队的新赛车,谢科特大胆地给恩佐·法拉利发去一封电报,询问是否能使用恩佐在菲奥拉诺(Fiorano)的私人赛道。一向独断专行的恩佐欣然应允,这说明谢科特的直率打动了他。在锦标赛积分榜上,谢科特仅次于法拉利的尼基·劳达排在第二位,这也让恩佐很难不去关注这位南非车手。1978年,狼队的竞争力开始下滑,谢科特抓住时机,直截了当地告诉恩佐,他希望加入法拉利,条件是120万美元的薪酬,两人几乎当场就敲定了合同。

　　谢科特以完美的表现回报了恩佐:参加了15场比赛,仅有2场退赛,取得了3场胜利,连续拿到积分,夺得1979赛季世界冠军。然而,仅仅12个月后,他毫不犹豫地选择了告别赛场。在此后的21年里,法拉利再也没有获得车手世界冠军。

　　远离赛场的谢科特投入创业大军,他调研发现枪械市场上缺少训练模拟器,便在美国创建了专门研发模拟器的FATS公司,

对页图：谢科特正在与德里克·加德纳（Derek Gardner）交谈，后者是泰利尔-福特 P34 六轮赛车的设计师。1976 年，谢科特驾驶这台赛车在瑞典大奖赛上取胜

上图和左图：1977 年，谢科特加入羽翼未丰的沃尔特狼队，沉默寡言的他驾驶狼-福特 WR1 赛车相继赢得阿根廷大奖赛和摩纳哥大奖赛的胜利

"我绝不是一个浪漫的人。作为车手，我向来对法拉利的传奇故事不感兴趣。我加入他们只有一个理由，我想拿世界冠军，而法拉利能给我实现理想的最佳机会。我原本只为自己比赛，直到生涯的最后几年，我才意识到为法拉利拿下世界冠军是一件多么美妙的事。"

对页图：1979年，摩纳哥大奖赛，谢科特在队友吉尔·维伦纽夫的全力支持下，驾驶法拉利312T4赛车取得胜利（上图）。随后，他又在赛季收官战（意大利蒙扎）中取胜，从而夺得世界冠军（下图）

1979年，法拉利312T4赛车助力谢科特6次登上领奖台（包括荷兰大奖赛，下图）。1980年，在自己的最后一个赛季中，谢科特驾驶法拉利312T5赛车取得的最好成绩是第五名（奥地利大奖赛，底部图）

其鼎盛时期雇员达到280人，占据全球95%的市场份额，年营业额达到1亿美元。一向不走寻常路的谢科特最终卖掉了FATS公司，回到欧洲，从头开始，在汉普郡（Hampshire）创建了一座有机农场，投身有机食品生产行业。他的创业历程无疑诠释了勇于创新、精益求精的可贵品质。

只有当你走进农场庭院外干净的马厩时，才会发现这里的主人拥有非比寻常的人生经历：那里陈列着谢科特驾驶过的赛车，它们共同谱写了一段短暂但辉煌的赛道过往。

阿兰·琼斯与弗兰克·威廉姆斯成就了彼此，他们在1980年携手赢得了F1世界冠军

阿兰·琼斯
Alan Jones

夺冠时间 1980年

    阿兰·琼斯早年在伦敦西部经营一间民宿公寓，这间小屋既是来自琼斯家乡澳大利亚的背包客们的"避风港"，也承载着琼斯的赛车梦。为客人备好早餐后，琼斯会在闲暇时间投入训练，尽可能把握每一次参赛机会。然而，对一位默默无闻的初级方程式车手而言，这些机会又总是遥不可及。

    1975年，通过赫斯基思车队（Hesketh）的运作，琼斯登上了梦寐以求的F1舞台。但仅仅4场比赛后，由于赞助商突然离开英国，赫斯基思车队陷入停摆状态，琼斯不得不转投苏堤斯车队（Surtees）。这样的事在赛车圈已经见怪不怪了。1976年，在毫无竞争力的苏堤斯车队苦苦挣扎半个赛季后，琼斯迎来了转机，暗影-福特车队（Shadow-Ford）的车手汤姆·普莱斯（Tom Pryce）因事故丧生，他们邀请琼斯来顶替这位不幸的威尔士人。

    暗影-福特车队算不上实力强劲，但琼斯的锲而不舍终于得到了回报。在奥地利大奖赛上，湿滑的赛道让很多赛车陷入不断打滑的窘境，多位车手相继退赛，笨重的暗影-福特赛车在琼斯的驾驭下反而如鱼得水。琼斯的第一次大奖赛胜利来得如此突然，组织方甚至没来得及准备澳大利亚国歌。但沉浸在首胜喜悦中的琼斯对此毫不在意。

    琼斯的过人表现吸引了弗兰克·威廉姆斯（Frank Williams）的注意，他决定邀请琼斯加入自己刚刚组建的车队。当时，威廉姆斯还没什么名气，但坦诚且务实的态度让他与琼斯在1978年顺利携手。

    短短几个月里，他们的收获远超预期。在这支精干、踏实的车队里，琼斯感到非常自在，而威廉姆斯也非常欣赏这位毫无保留的新车手。

上图：1976 年，琼斯度过了第一个完整但艰难的赛季，他与苏堤斯 - 福特 TS19 赛车的组合只在 3 个分站拿到了积分

右图：1977 年，在顶替不幸离世的汤姆·普莱斯加入暗影 - 福特车队后，琼斯在蒙扎夺得第三名

对页图：奥地利大奖赛，琼斯利用瞬息万变的赛道形势，驾驶暗影 - 福特 DN8 赛车夺得了自己的第一场大奖赛胜利（上图），他登上领奖台时组织方甚至没来得及准备澳大利亚国歌（下图）

"赢得世界冠军是我一生中最美妙的时刻,在你笃定为之奋斗一生的目标终成现实后,那种兴奋之情溢于言表。我记得那天回到蒙特利尔的酒店后,在浴室里我边跳边喊:我是冠军!"

对页图：1980 年，荷兰大奖赛，驾驶威廉姆斯-福特 FW07 赛车的琼斯一骑绝尘，领先驾驶雷诺赛车的雷尼·阿尔努（René Arnoux）、驾驶利吉尔赛车（Ligier）的雅克·拉菲特（Jacques Laffite），以及队友卡洛斯·鲁伊特曼（上图）。这场比赛中，琼斯罕见地出现了失误，但当年的 5 场胜利（包括法国大奖赛，下图）足以让他赢得世界冠军

左图和下图：良好的技术沟通说明琼斯完全融入了威廉姆斯车队，FW07 赛车在他的驾驭下发挥出色

两人的合作逐渐结出硕果。1979 年，奠定帕特里克·海德（Patrick Head）顶尖设计师和工程师地位的威廉姆斯 FW07 赛车横空出世。经过磨合期的小试牛刀，琼斯接连斩获 4 场分站胜利，但参赛场次上的劣势让他无缘世界冠军。来到 1980 赛季，凭借 5 场酣畅淋漓的胜利，琼斯代表威廉姆斯车队捧回了渴望已久的制造商和车手两座世界冠军奖杯。

1981 年，由于对阿根廷队友卡洛斯·鲁伊特曼（Carlos Reutemann）无视车队指令的行为备感愤慨，加之威廉姆斯赛车一度被可靠性不佳所困扰，琼斯因 5 个积分之差，错失了蝉联世界冠军的机会。

当年 9 月的意大利大奖赛前，琼斯驾车在伦敦奇斯威克路（Chiswick High Road）行驶时被人追尾，双方为此发生冲突，琼斯付出了一根手指骨折的代价，这似乎佐证了他的直率与毫不妥协。好消息是，裹着纱布的手指没有影响他为威廉姆斯车队从意大利大奖赛上带回亚军；坏消息是，他直言不讳地告诉弗兰克·威廉姆斯，自己决定在一个月后退役。

退役对性情日渐焦躁的琼斯而言或许不是件坏事，这样他至少不必在休假调整与参加比赛间纠结。几年后，琼斯做出了一个不太明智的选择，重返 F1。结果显而易见，与他签约的美国哈斯车队（Haas，注意，不是从 2016 赛季开始参赛的哈斯车队）颗粒无收。所幸，他的复出受到了媒体的欢迎，记者们都很怀念这位车手的率性和幽默。1986 年年末，在跑完自己的第 116 场大奖赛后，琼斯彻底告别了赛场。

尼尔森·皮奎特在布拉汉姆车队夺得了两次 F1 世界冠军，第二次是在 1983 年驾驶布拉汉姆 - 宝马 BT52 赛车夺得的（右图）

尼尔森·皮奎特
Nelson Piquet

夺冠时间 1981 年 1983 年 1987 年

在 F1，很少有机械师会费心为自家车手经营车迷俱乐部。但尼尔森·皮奎特·索托·迈尔（Nelson Piquet Souto Maior，尼尔森·皮奎特的全名，他为瞒着父亲参加汽车比赛，改用了母亲的姓）在布拉汉姆车队时就有这样的事，他当时不仅是队内的头号车手，还是平易近人的"玩乐分子"。他对待赛车的态度，仅仅是追求逐风之乐。

1977 年从巴西来到欧洲后，24 岁的皮奎特就一直抱着这种态度，像许多家乡的同龄人一样，他也是受埃默松·菲蒂帕尔迪的鼓舞出来闯荡的，但除了拿过几次全国比赛冠军外，他一无所有，而且英语也不好，其实很难有出人头地的机会。

驾驶自己的赛车在欧洲 F3 获得几场胜利后，皮奎特崭露头角，赢得了厂队的车手席位。1978 年的英国 F3 锦标赛上，他夺得总冠军，自然而然地受到了 F1 车队的关注。皮奎特自己也没想到，他当年就以私人车队车手的身份在德国大奖赛迎来了 F1 处子秀，之后又随一支小车队参加了 3 场比赛。

凭借稳定发挥，皮奎特得到了布拉汉姆车队第三车手（布拉汉姆客户车队）的席位，参加了 1978 赛季的最后一站比赛。在蒙特利尔，所有针对这位年轻车手的质疑都被彻底击碎。在一条湿滑的新赛道上驾驶一台陌生的赛车，皮奎特的速度超过了队友尼基·劳达和约翰·沃森（John Watson）。此后，他与布拉汉姆车队开启了长达 7 年的合作。

皮奎特在这支由伯尼·埃克莱斯顿（Bernie Ecclestone）经营的"懂得变通"的车队里如鱼得水。1979 年年末，随着劳达突然宣布退役，沃森转投其他车队，他一跃成为头号车手。

"成为世界冠军,你需要足够的运气,这或许是最重要的因素。还有很多优秀的车手有实力成为世界冠军。不过,你还需要合适的赛车、发动机和轮胎,以及合适的团队。这些我都有了。当然,你必须跑出好成绩。这一切缺一不可。"

对页上图：1979 赛季末，在布拉汉姆 - 福特 BT49 赛车投入使用后，皮奎特开启了职业生涯的巅峰期。美国大奖赛，沃特金斯 - 格伦赛道，他正与暗影车队的埃利奥·迪·安杰利斯（Elio de Angelis）激烈缠斗

对页中图：1980 年，荷兰大奖赛的胜利使皮奎特成为世界冠军的有力竞争者

对页下图：1980 年，长滩赛道，皮奎特驾驶布拉汉姆 - 福特 BT49 赛车夺得了自己的第一场大奖赛胜利

左图：1981 年，皮奎特驾驶布拉汉姆 - 福特 BT49C 赛车夺得 3 场分站胜利，最终收获了自己的第一座世界冠军奖杯

下图：最让皮奎特快乐的事莫过于坐在赛车驾驶舱里手握方向盘。他正在等待这台搭载宝马发动机的布拉汉姆 BT50 赛车完成设置，1982 年，他驾驶这台赛车只赢得一场胜利

此时，恰逢戈登·穆雷（Gordon Murray）设计的新款布拉汉姆赛车问世，这款赛车搭载了其他车队普遍采用的福特 - 考斯沃斯 V8 发动机，而非旧款赛车上沉重且费油的阿尔法·罗密欧发动机。

1980 赛季的第四场比赛在加州长滩举行，皮奎特收获了自己的大奖赛首胜。接连斩获 3 场胜利让他成为世界冠军的有力竞争者，但在倒数第二场比赛的 1 号弯，他与阿兰·琼斯发生碰撞，后者最终赢得了当年的世界冠军。1981 年，皮奎特做好了与威廉姆斯车队的卡洛斯·鲁伊特曼角逐世界冠军的准备。

身体强壮与否从来不是这位略显消瘦的巴西人首先考虑的事，他承认自己很懒，宁愿躲在角落里小憩，也不会去健身房里挥汗如雨。在内华达州拉斯维加斯，1981 赛季的最后一场比赛中，鲁伊特曼遭遇赛车故障无奈退赛，皮奎特只要在第五位完赛，就能加冕世界冠军，但这似乎变成了不可能完成的任务。由于气温过高且头盔密不透风，精疲力竭的皮奎特呕吐不止，只能依靠本能驾驶，但依旧获得了第五名。完赛后，他被人抬出驾驶舱，就这样捧回了自己的第一座世界冠军奖杯。

1983 赛季末，皮奎特在南非发挥出色，驾驶强大的布拉汉姆 - 宝马赛车击败了雷诺车队的阿兰·普罗斯特，第二次夺得世界冠军。从首次夺冠开始，皮奎特就喜欢穿上心爱的 T 恤和牛仔裤，在当地餐厅和机械师们一起吃意大利面，而不愿按赞助商和赛会官员的要求去游街庆祝。

一年后，鼎盛时期也不过 25 人的布拉汉姆车队开始分崩

对页上图：皮奎特喜欢布拉汉姆车队的氛围，在技术总监戈登·穆雷（1984 年，奥地利大奖赛，他站在维修区的赛车前）的指导下，车队开始尝试赛中加油的新式进站策略，提高了进站效率

对页左图：1984 年，底特律，皮奎特赢得了职业生涯第 12 场大奖赛胜利

对页右上和右下图：1986 年，皮奎特在巴西大奖赛第一次驾驶威廉姆斯赛车获胜。1987 年，他驾驶威廉姆斯-本田 FW11B 赛车（下图）第三次夺得世界冠军

上图：1987 年，奥地利大奖赛，皮奎特驾驶威廉姆斯-本田 FW11B 赛车做了一次利落的杆位起跑

右图：1991 年，加拿大大奖赛，皮奎特驾驶贝纳通 B191 赛车获得第 23 场分站胜利，这是他 F1 生涯的最后一胜

离析，身为当家车手的皮奎特受够了埃克莱斯顿开出的微薄薪水，决定转投威廉姆斯车队。新队友奈杰尔·曼塞尔（Nigel Mansell）的强势表现，激发了皮奎特的斗志，让他对比赛不再"漫不经心"。1986 赛季与冠军失之交臂后，皮奎特在 1987 赛季收获了自己的第三座世界冠军奖杯。

接下来，皮奎特在路特斯车队挣扎地陪跑了两个赛季。1990—1991 赛季，在精明的贝纳通车队老板弗拉维奥·布里亚托利（Flavio Briatore）麾下，有了与积分挂钩的薪酬制度的激励，皮奎特拿下 3 场胜利。他要用这份收入来满足自己的奢侈需求：乘着"嘉奖"号（Citation）私人飞机，辗转在赛道与地中海某个安静港湾里的豪华私人游艇之间。

征战了 204 场大奖赛后，皮奎特荣归故里，成功创建了一家主要为卡车提供卫星定位服务的公司，并帮助两个走上车手之路的儿子运作竞赛事务。与此同时，他没有忘记过往。

在得知一位帮助过自己的巴西籍机械师因一起枪击事件而终身残疾后，皮奎特毫不犹豫地伸出援手，为他购置了一套房产，在工作间里装上电梯，又亲自开着小货车走遍大街小巷，帮这位故友采购物资。

了解这段往事后，你也许就能理解，为什么布拉汉姆车队的机械师们会与一位害羞的车手相处如此融洽，因为他给车队带来的远不止胜利和冠军。

1982年，驾驶威廉姆斯-福特FW08赛车的科克·罗斯伯格，他只赢得一场大奖赛胜利（瑞士大奖赛，左图）就加冕世界冠军，但整个赛程跌宕起伏

科克·罗斯伯格
Keke Rosberg

夺冠时间 1982年

这里有两幅照片能将科克·罗斯伯格的绚烂本色展露无遗。一幅拍摄于1978年大西洋单座方程式比赛（Formula Atlantic single-seater）期间，罗斯伯格驾驶赛车在北美赛道上完全侧滑出弯，左前轮空转，而右后轮已经触碰混凝土墙面，剧烈摩擦产生的粉尘和极端的车身姿态都表明这位车手的右脚一直在猛踩"油门"。锦上添花的是，他的赛车采用了惹眼的粉红色涂装，因为车队的主赞助商是Excita Condoms，一家安全套生产商。

另一幅照片聚焦于罗斯伯格的左手，手腕上戴着一条分外显眼的黄金手链，指间夹着一支点燃的万宝路烟。几秒钟后，他用自己的红色赛车靴将那支烟踢进了维修区的水泥坑道里，说道："好了，我们干活吧。"接着，他拿起头盔，坐进搭载1000马力（原文为英制马力，约为746千瓦）本田涡轮增压发动机的威廉姆斯赛车里。整个银石赛道都沸腾了，他驾车跑出160英里/时（约290公里/时）的极速，打破了这条老牌英国赛道的车速纪录。在这扣人心弦的紧张时刻，缓慢漏气的前轮胎和湿滑的赛道似乎都变得无关紧要。

两幅照片的拍摄时间相隔数年，其间，这位强壮、狂妄的芬兰人在所有人（包括他自己）都没能缓过神前，就成了世界冠军。罗斯伯格的职业生涯属于典型的"高开低走"，在1978年迎来梦幻开局，奇迹般地拿到一场非锦标赛冠军后，整整四个赛季颗粒无收。

在罗斯伯格看来，当下一场比赛到来时，上一场比赛已经毫无意义，这一点也不奇怪。早年间，他在大众方程式锦标赛中赢过几次冠军，却发现这还远远不够，混迹赛车圈不仅需要

　　出色的驾驶技能，还需要强大的说服力，这样才可能为自己争取更多的比赛机会。

　　1978年，经过多方疏通，罗斯伯格终于获得了一份来自西奥多车队（Theodore，由英国团队运营的中国香港F1车队，又名德利赛车队）的合同。西奥多赛车实力不济，但这丝毫没能影响罗斯伯格在银石赛道的非锦标赛上大放异彩。在满覆雨水的湿滑赛道上，当劳达、亨特、皮特森等一众王牌车手都陷入缓冲区时，罗斯伯格驾控自如，出人意料地收获了一场胜利。

　　然而两周后，罗斯伯格连到加州参加第二站比赛的资格都没拿到，此后的三场比赛也如是。但他并没有放弃，在被F1拒之门外时，凡是在大西洋两岸举办的比赛，他都会去参加，在36个周末里，他一共参加了41场比赛。偏偏这时，一个中间人在私下挪用了罗斯伯格的赞助费后，表示已经无法支付他参加纽博格林F2比赛的费用。于是，罗斯伯格只能自掏腰包参赛，因为他很清楚，只要在有"绿色地狱"之称的纽博格林北环亮相，就一定会有伯乐找上门来。但结果很残酷，尽管他的杆位圈速比其他车手快了4.5秒，依然没有F1车队向他抛出橄榄枝。

　　凭借一腔热忱，罗斯伯格在赛场上坚持到1981年年末。正当他几欲放弃时，阿兰·琼斯突然宣布退役，威廉姆斯车队空出了一个令很多顶尖车手垂涎的席位。罗斯伯格紧紧抓住这次机会，迎来了职业生涯的转折点。

　　1982年的威廉姆斯赛车只能算差强人意，但这并不重要。在那个"怪异"的赛季，有11位车手相继登上分站最高领奖台，罗斯伯格拿下了瑞士大奖赛（在法国举办）的胜利。得益于强

对页上图:在艰难的1980赛季,罗斯伯格驾驶菲蒂帕尔迪-福特F8赛车,不是退赛,就是无法取得参赛资格

对页下图:1982年,罗斯伯格牢牢抓住姗姗来迟的机会,加入威廉姆斯车队

上图和左图:1982年,在法国第戎(Dijon)举办的瑞士大奖赛上,凭借弗兰克·威廉姆斯亲自挑选的轮胎,罗斯伯格勇往直前,取得了一场决定性胜利

"我夺得世界冠军的那一年简直让人难以置信。什么事都发生了,从车手罢工到赛事取消,甚至积分榜领先的车手严重受伤。我只赢了一场比赛。这是我在威廉姆斯的第一个赛季,我从无名小卒一跃成为赛场英雄。这一切都来得太突然了,我当时的名气和收入都配不上世界冠军头衔。我是个默默无闻的世界冠军。"

对页图：1984 年，罗斯伯格驯服暴躁的威廉姆斯 - 本田 FW09 赛车，在达拉斯的热浪中取得了一场令人难忘的胜利

下图：1986 年，罗斯伯格在自己的最后一个 F1 赛季加入迈凯伦，有大半比赛没能顺利完成（包括匈牙利大奖赛）。阿德莱德（Adelaide）成为他的大奖赛谢幕站，遭遇轮胎故障前，他的迈凯伦 - 泰格 MP4/2C 赛车一路领先

悍风格和充沛精力，罗斯伯格笑到了最后，在拉斯维加斯凯撒宫的收官战上，他凭借积分优势加冕世界冠军。

实际上，接下来才是罗斯伯格的职业生涯巅峰。1983 年，依旧搭载 DFV 自然吸气发动机的威廉姆斯 - 福特赛车，可能在速度上不及那些涡轮增压对手，但罗斯伯格以出其不意的轮胎策略，在蒙特卡洛的湿滑赛道上夺得了自己的第二场大奖赛胜利。在 1986 年加入迈凯伦前，他又先后三次登上分站最高领奖台，包括 1984 年的达拉斯大奖赛和 1985 年的澳大利亚大奖赛，这是两场虽艰苦卓绝，但完美诠释速度与激情的酣胜。

罗斯伯格锋芒毕露的驾驶风格，完全不同于尼基·劳达和阿兰·普罗斯特这两位迈凯伦的新老领袖。因此，他耗费半个赛季才适应迈凯伦的赛车调校方式，随后在霍根海姆夺得了杆位。

然而，在德国大奖赛上，原本处于领跑位置的罗斯伯格，突然发现自己的迈凯伦 - 泰格赛车燃油不足，最终仅获第五名。在这个赛季的 16 场比赛中，他退赛了 11 场。

在迈凯伦，罗斯伯格没能与技术总监建立起良好关系，加之好友埃利奥·迪·安杰利斯（Elio de Angelis）在法国测试赛中丧生，他最终决定在赛季结束后告别 F1。

离开 F1 的罗斯伯格先是投身耐力赛和房车赛，随后又开始经营自己的车队，同时悉心培养下一代。儿子尼科（Nico）进军 F1 后，罗斯伯格没有像其他"父子档"那样钟情于聚光灯，而是一直身居幕后，保持低调，拒绝采访。这是个不错的选择，因为他相对短暂但异彩纷呈的职业生涯，或许并不需要添加更多注脚。

阿兰·普罗斯特闲庭信步的驾驶风格与他场外忧郁的神情形成了鲜明对比。对完美驾驶技术的不懈追求助力他四次问鼎F1。1989赛季，他驾驶迈凯伦-本田MP4/5赛车赢得4场分站胜利，包括在菲尼克斯（Phoenix）举办的美国大奖赛（右图）

阿兰·普罗斯特
Alain Prost

夺冠时间 1985年 1986年 1989年 1993年

阿兰·普罗斯特让驾驶F1赛车看起来轻而易举，但他纵横199场大奖赛的职业生涯却远没有看起来那样简单。这位夺得了51场分站胜利（创造了当时的胜场纪录）、坐拥4座世界冠军奖杯的法国车手，在成长路上经常受到场外政治的干扰。作为F1历史上著名的"队友之争"的主角之一，他与埃尔顿·塞纳（Ayrton Senna）的对决至今仍为人们所津津乐道。

克服这些障碍和挑战，让普罗斯特成为F1的标志性人物。但他最初并不想成为职业车手，正如他与典型F1车手格格不入的性格和形象一样。

足球才是普罗斯特儿时的心头好。这个来自卢瓦尔地区（Loire）的身材矮小的孩子，要不是在一次家庭度假时陪哥哥走进一家卡丁车场，可能永远也不会与F1结缘。当天，普罗斯特参加了一场临时举办的卡丁车赛，由于一只手打了石膏，他不得不单手驾驶，尽管如此，冠军仍然非他莫属。

逐渐对赛车产生兴趣后，普罗斯特离开学校，成为一名全职发动机调校师。他省吃俭用获得了参加卡丁车赛的资格，接连赢得了法国和欧洲青年锦标赛冠军，这激发了他进军方程式的雄心。要实现这个目标，他必须拿下"埃尔夫杯"（Pilote Elf），一项由法国埃尔夫石油公司创办的久负盛名的赛事。1975年10月25日，在保罗·里卡德赛道上，面对一群颇具影响力的业界观众，普罗斯特从肯·泰利尔手中接过冠军奖杯，而泰利尔F1车队的赞助商，正是埃尔夫石油公司。

1983赛季，尽管相继在法国大奖赛（上图）和奥地利大奖赛（右图）上获胜，但驾驶雷诺RE40赛车的普罗斯特并不愉快。错失世界冠军后，他因车队的失职背负了不公指责

对页图：1986赛季，在迈凯伦的日子让普罗斯特很满足，他驾驶MP4/2C赛车多次拿到积分（法国大奖赛，上图；底特律，下图），最终在阿德莱德荣膺世界冠军

　　"埃尔夫杯"的另一项奖励,是驾驶马天尼-雷诺(Martini-Renault)Mk17赛车参加雷诺方程式(Formula Renault)的资格。普罗斯特一鼓作气,只差一场就包揽了全年的分站胜利,自然而然地成为年度冠军。接下来几个赛季的竞争更为激烈,得益于埃尔夫源源不断的赞助,他一路高歌猛进,不仅晋级F3,还斩获了摩纳哥大奖赛的垫场赛冠军。

　　一向高冷的F1车队开始关注普罗斯特。随后,他得到了为迈凯伦车队参加1979赛季收官战的机会。鉴于自己的F1经验不足,以及当时迈凯伦缺乏竞争力,精明务实的普罗斯特拒绝了迈凯伦的邀请。值得注意的是,这项决定并没有影响普罗斯特与迈凯伦的关系,他依旧获得了试车机会,而且用惊人的速度换来一份1980赛季的合同。这一次,普罗斯特接受了。事实证明,他此前的判断是正确的,迈凯伦在新赛季依然没能走上正轨。

　　因此,普罗斯特在1981赛季转投雷诺车队就成了顺理成章的事,这家法国汽车制造商在涡轮增压技术上取得了长足进步。然而,尽管普罗斯特每个赛季都会为雷诺赢下几场分站胜利,但在连续几个赛季都错失世界冠军后,这对法国组合的关系开始紧张起来。在傲慢的高卢人眼中,雷诺拿下这几个赛季的冠军是理所当然的事。

　　1983赛季的收官战上,普罗斯特再次与世界冠军失之交臂,他也因此成为众矢之的。可在他看来,失利更多源于雷诺赛车的孱弱,而非自己的失误。至此,双方的关系跌到了谷底,普罗斯特为祖国车队夺冠的梦想化为泡影。当他灰头土脸地离开雷诺时,向他敞开怀抱的是老东家迈凯伦。

1989年，普罗斯特驾驶迈凯伦MP4/5赛车在蒙扎获胜，捧回自己的第三座世界冠军奖杯。此时，他与队友埃尔顿·塞纳的关系已经岌岌可危

　　此时的迈凯伦已经焕然一新，罗恩·丹尼斯（Ron Dennis）和他的创新设计师约翰·巴纳德（John Barnard）对这支英国车队进行了彻底改革。他们坚持采用涡轮增压技术，并请来保时捷为车队专门打造了V6发动机。普罗斯特与车队之前签下的尼基·劳达一道，成为围场内最具实力的新老组合。他们不负众望，掌控了1984赛季，劳达最终以半分之优夺得世界冠军。他承认，普罗斯特将是自己卫冕路上的唯一竞争者。如他所料，1985赛季，普罗斯特连下五城（包括第二次折桂摩纳哥大奖赛），加冕世界冠军。

　　威廉姆斯-本田组合的崛起，动摇了迈凯伦在F1的地位。然而，拜威廉姆斯车队的"夺冠机会均等"政策所赐，在1986赛季的最后几站，普罗斯特后来居上，成功卫冕。1987赛季，车手和制造商世界冠军双双易主，赢家无疑是威廉姆斯。直到埃尔顿·塞纳与本田发动机携手到来，迈凯伦才迎来转机。

　　1988赛季，在两位顶尖车手（指普罗斯特和塞纳）与一款超群赛车的助力下，迈凯伦收获了全年16场比赛中的15场胜利，塞纳则第一次问鼎F1。然而，接下来一个赛季，普罗斯特认为塞纳不计一切代价争冠的行为违背了车队策略，队内氛围因此急转直下。随着两人关系的恶化，在倒数第二站比赛中，为争夺领先位置，塞纳与普罗斯特发生了碰撞。当普罗斯特最终捧起自己的第三座世界冠军奖杯时，塞纳已经怒火中烧。

　　12个月后，在同一条赛道上，两人再度相撞。但这一次，已经转投法拉利车队的普罗斯特成了失败者，塞纳以1990赛季世界冠军的身份走回维修区。此时的法拉利正经历周期性衰退，普罗斯特不识时务地将自家赛车比作"卡车"，激怒了意大利人。1991赛季收官战前，他被法拉利扫地出门。在征战175场大奖赛后，他决定暂别赛场，给自己放个假。

"1986赛季是我最好的赛季之一。在收官战澳大利亚大奖赛的最后一圈,我以为燃油要耗尽了。你无法想象我看到格子旗时的心情。但或许最棒的感觉还是在第二天早上,当我准备下楼吃早餐时,发现早报就放在卧室门外。头条新闻是'普罗斯特险夺阿德莱德冠军',还配了一张我在赛车旁跳起来庆祝的照片。那个时刻让我永生难忘,美妙至极。"

对页图：在家乡获胜没能让普罗斯特赢得同胞的赞赏（1989年，保罗·里卡德赛道，上图）。次年，尽管在法国大奖赛上他驾驶法拉利赛车（下图）再度折桂，但最终还是让塞纳夺走了世界冠军

下图：经过一年的休整，普罗斯特于1993年回归F1，驾驶威廉姆斯-雷诺FW15C赛车以7场完胜统治了整个赛季，但他因为从杆位抢跑被罚通过维修区，没能拿下摩纳哥大奖赛的胜利

一年的休整并没有让普罗斯特茫然无措，相反，他在假期结束后获得了一份来自威廉姆斯的1993赛季合同。这次合作，让普罗斯特捧回了自己的第四座世界冠军奖杯。1994赛季，威廉姆斯渴望签下塞纳，为此买断了普罗斯特的合同，因为他们很清楚，后者绝不会与死对头再度携手。普罗斯特的车手生涯就此结束了，这更多是迫于外界压力，而不是他的真实意愿。

1993赛季，威廉姆斯第六次赢得制造商世界冠军。对这支饱经风霜的车队而言，普罗斯特的虚怀若谷也许是一种启示。这位身形消瘦、鼻梁微弯的法国人，知道自己能从赛车和车队那里得到什么，他调校赛车的技术丝毫不逊于驾驶技术。尽管素常举止平和，但咬碎的指甲和偶尔闪现的忧郁神情，让他内心的积怨显露无遗。

大半个职业生涯被批评和质疑声笼罩的普罗斯特，在队内文化直截了当的威廉姆斯找到了平静。在法国媒体看来，普罗斯特拿下1993赛季的世界冠军理所当然，因此对他的每次失误都口诛笔伐，无论是真实发生的，还是凭空想象的。

威廉姆斯技术总监帕特里克·海德（Patrick Head）如此评价普罗斯特："阿兰对我们来说就像个谜，他好像来去无常，走进这扇门，又走出那扇门。但来去间他总能把工作做得无可挑剔，顺便还拿了世界冠军。"

这就是阿兰·普罗斯特，他让驾驶F1赛车看起来轻而易举，以至于经常被人们低估，特别是他的法国同胞们。

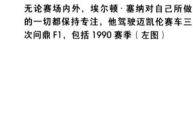

无论赛场内外,埃尔顿·塞纳对自己所做的一切都保持专注,他驾驶迈凯伦赛车三次问鼎F1,包括1990赛季(左图)

埃尔顿·塞纳
Ayrton Senna

夺冠时间 1988年 1990年 1991年

　　埃尔顿·塞纳犹如一股非凡之力。这位巴西车手时常在沉思中自省,无论赛场内外。他拥有令人叹为观止的控车技术,他对竞速的极致渴望令人胆寒。他性情多面,时而是一位全神贯注的车手,时而是一位温文尔雅的绅士。

　　塞纳的求胜欲无以复加,因为他坚信自己是世界上最快的车手。通常而言,他的确如此,但可能并没有达到他的理想水平。

　　闯荡欧洲赛场的第一个赛季,塞纳的鸿鹄之志便展露无遗。他先是在世界卡丁车系列赛(world karting)中大放异彩,接着又在福特方程式(Formula Ford)上崭露头角。但赛季末,他毅然决定返回巴西,即使可能永远无法再登上欧洲赛场,只因为没人能给他提供一个与天赋匹配的F3车手席位。

　　不久,当对胜利的渴望战胜了高傲时,埃尔顿·塞纳·达·席尔瓦(Ayrton Senna da Silva,塞纳的全名,Silva是父姓,Senna是母姓)的名字出现在1982年福特2000方程式锦标赛(Formula Ford 2000 Championship)的车手名单上,他戴着以祖国国旗颜色为主色的标志性头盔,在赛场上一骑绝尘。

　　1983年,塞纳如愿晋级F3,但竞争压力也随之增大。与马丁·布伦德尔(Martin Brundle)的博弈持续了整整一个赛季,他在收官战才险夺年度冠军。比赛中,塞纳为争冠不计一切代价,令对手胆寒的同时,也让他背负了"不择手段夺冠"的争议。但无论如何,他的傲人天赋成功吸引了F1车队的关注。

右图和下图：1985赛季，塞纳驾驶黑金色路特斯-雷诺97T赛车崭露头角

底部图：塞纳头盔的主色是黄色，当对手透过后视镜望见这一抹黄色时，总会心生敬畏之情

左图：排位赛中，塞纳正在查看显示屏上的圈速，他的名字通常会出现在第一位

下图：1988 赛季，塞纳驾驶迈凯伦 MP4/4 赛车斩获 8 场分站胜利，最终首次夺得世界冠军

塞纳认为自己还需要积累 F1 的参赛经验，因此拒绝了迈凯伦和布拉汉姆车队的席位，选择了默默无闻的托勒曼车队（Toleman）。尽管至多算一支中流车队，但托勒曼的车手阵容相对紧凑，没有争权夺位的烦恼。在酷热难耐的南非，第二次代表托勒曼出征大奖赛的塞纳以第六名完赛，拿到 F1 职业生涯的首个积分，但赛后他在工作人员的搀扶下才走出赛车。

塞纳很清楚，自己的体格在 F1 车手中并不出众，托勒曼赛车也缺乏竞争力，但这两样在大雨倾盆的蒙特卡洛都算不上劣势。他以天赐的胆识将车轮牢牢控制在湿滑赛道上，从起步时的第 13 名，一路竞逐到距头车仅一步之遥。如果不是组委会提前终止比赛，他很可能获得分站冠军。尽管终于得以在理想舞台上锋芒毕露，但与胜利失之交臂还是让塞纳愤愤不平。

1984 赛季尚未结束时，塞纳由托勒曼转投路特斯，次年便冒雨在葡萄牙大奖赛上夺得 F1 生涯首胜。自 1987 年收获摩纳哥大奖赛首胜后，他创纪录地在蒙特卡洛赛道 6 次折桂，让一切关于他驾驶能力的争论都烟消云散。此时，驾驶黑金色路特斯赛车的塞纳，已经成为 F1 新时代的象征。但与托勒曼一样，路特斯也只是塞纳"F1 世界冠军计划"的一个中转站。

为实现夺冠目标，并获得应得的认可，塞纳不仅需要一台具备竞争力的赛车，还要战胜一位公认的最佳车手。他必须在世人的见证下做到这一切。1988 年，机会来了，塞纳加入迈凯伦车队，而他的队友正是那位最佳车手，两届 F1 世界冠军阿兰·普罗斯特。

1988 赛季，塞纳夺得 13 个杆位，绝对速度毋庸置疑，8 场

1989赛季，塞纳与普罗斯特的冠军争夺战愈演愈烈，他在摩纳哥大奖赛上领先对手

分站胜利为他带来第一座世界冠军奖杯。与此同时，普罗斯特的7场分站胜利也足以证明他并非浪得虚名，他善于调校赛车，能最大限度释放赛车性能。两位顶级车手作为队友针锋相对，大有同室操戈的意味。

在普罗斯特的记忆中，两人关系的转折点出现在1989年。当时，塞纳没有执行赛前制订的比赛计划，这让前者心生芥蒂。随着赛季推进，塞纳与普罗斯特间的隔阂不断加深，在倒数第二站日本大奖赛上，两人为争夺领先位置发生碰撞，导致矛盾激化。普罗斯特最终成为冲突的"受益者"，提前加冕世界冠军。塞纳被激怒了，不仅因为普罗斯特夺冠，还因为在他看来组委会在这次碰撞判罚中有意偏袒后者。

1990年，普罗斯特转投法拉利，但塞纳的怨气并没有消散，两人的冠军争夺战又持续到倒数第二站日本大奖赛。在同一条赛道上（指发生第一次碰撞的铃鹿赛道），塞纳再次感受到不公，他甚至认为组委会在赛前做了手脚。这一次，他展现出可怖的一面。发车后的第一弯，尽管身后有24辆赛车呼啸而来，他仍然孤注一掷，将普罗斯特撞出赛道，最终凭借积分优势提前夺冠。迈凯伦的同僚们无不为塞纳的精湛控车技术所折服，但几乎没有人认同他的夺冠方式。

1991赛季，塞纳成功卫冕。两年后，1993赛季，普罗斯特第四次捧起世界冠军奖杯（代表威廉姆斯车队）。在阿德莱德，他与分站获胜的塞纳同时站到领奖台上。两人双手紧握，冰释前嫌。

如今回望，意味深长，因为那是塞纳人生中的最后一胜。1994赛季，他转投威廉姆斯后，发现他们的赛车大不如前。那

"1991赛季意义非凡，我代表一支车队拿下第三个世界冠军。其实无论是谁，可能是我，也可能是更年轻的车手，在未来都可能取得这样的成就。但没有人能取代方吉奥，他得到五届世界冠军，创造了纪录，也树立了作为绅士车手的行为标准。我能说的是，我会尽力靠近他。"

对页图：塞纳是雨战大师，1993 年，他驾驶迈凯伦 - 福特 MP4/8 赛车分别在多宁顿（上图）和家乡英特拉格斯（下图）夺冠

下图：1994 年转会威廉姆斯车队是一场不幸的开端。镜头记录下塞纳在自己的最后一个大奖赛周末上正驾驶 FW16 赛车飞驰

台威廉姆斯 FW16 很难驾驭，以至于在英特拉格斯赛道（Interlagos）上，面对一众爱戴自己的车迷，塞纳罕见地出现了失控打滑。两场比赛过后，他依然没能拿到积分，这是职业生涯的头一遭。在懊恼与自省中，他来到圣马力诺大奖赛的伊莫拉赛道（Imola for the San Marino Grand Prix）。

塞纳的低迷不振，与同期迈克尔·舒马赫（Michael Schumacher）和贝纳通车队（Benetton）的崛起形成了鲜明对比。后者轻松斩获赛季初的两场胜利。塞纳暗下决心，不能再让后起之秀抢走第三场胜利。在伊莫拉，比赛重新开始后（起步时发生碰撞，安全车领跑了几圈，因此是重新开始），他处于领跑位置。

几圈后，在坦布雷罗弯（Tamburello），塞纳出人意料地冲出了赛道。事故原因至今仍众说纷纭，因为那是个相对容易的左手弯，对塞纳而言简直易如反掌。他的威廉姆斯赛车撞上了混凝土护栏，右前轮崩落后飞向驾驶舱，一部分断裂的悬架摆臂径直击穿头盔，导致他当场殒命。这仿佛是一次命运的玩笑，因为除了头部受伤外，塞纳身体的其他部位都安然无恙。

埃尔顿·塞纳的死震惊了世界，他在赛车界举世无双，即使放眼全球体育界，也很少有人具备与他同等的威望。对赛车稍有兴趣的人，都听闻过有关他的绚烂传奇，向往他的非凡魅力。车迷们会铭记他在赛场上的辉煌时刻：1988 年在摩纳哥大奖赛排位赛中奉上惊为天人的一圈；1993 年在英国大奖赛多宁顿赛道（Donington）中冒雨献上无与伦比的第一圈，由第五位跃升至第一位。

埃尔顿·塞纳犹如一股非凡之力。

奈杰尔·曼塞尔为头盔上的米字旗而自豪（左图），1992赛季，他驾驶威廉姆斯-雷诺FW14B赛车夺得F1世界冠军（右图）

奈杰尔·曼塞尔
Nigel Mansell

夺冠时间 1992年

英国媒体对奈杰尔·曼塞尔青睐有加，不仅因为他的31场大奖赛胜利极具新闻价值，更因为他赢得胜利的方式总是极富戏剧性。实际上，无论比赛输赢，只要这位脾气暴躁的英格兰人出现在围场上，就会备受瞩目。一旦戴上印着米字旗的头盔坐进赛车里，他就会发出毫不妥协的战斗宣言，深得车队与车迷之心。

身无分文的曼塞尔由卡丁车赛转战方程式时，寸土必争的风格就已经溶入他的血液中。然而，在低级别方程式的征程上，他事故频发，伤痕累累，似乎缺乏能与钢铁般意志相称的天赋，这让他进军F1以及获得世界冠军的豪言都成了痴人说梦。

机遇不期而至。科林·查普曼，一个不喜欢被平庸之辈打扰的人，出于对曼塞尔测试表现的认可，将这位英国车手招入麾下。查普曼的知人善任在1981年的摩纳哥大奖赛上得到了回报，曼塞尔表现抢眼，在排位赛上位列第三。两周前的比利时大奖赛中，他刚刚奉上自己的F1首秀。

然而，18个月后，查普曼突然离世，曼塞尔失去了最坚定的支持者。路特斯车队的新管理层对曼塞尔并没有充足的信心。1984赛季的摩纳哥大奖赛上，原本领先的曼塞尔因发力过猛而失控退赛，这使他与车队管理层间的信任危机进一步加剧。

1985年，曼塞尔选择转投威廉姆斯。此时，这支英国车队的创始人弗兰克·威廉姆斯和帕特里克·海德都唯比赛成绩是瞻，在他们看来，车手必须做好分内的事，不能找任何借口。所幸，

右图：1984赛季，曼塞尔驾驶路特斯-雷诺95T赛车在摩纳哥的街道上呼啸而过

下图：1985赛季，曼塞尔转投威廉姆斯车队。赛季末，他驾驶威廉姆斯-本田FW10赛车收获F1首胜

曼塞尔在磨合期过后逐渐找回自信，更重要的是，他正好赶上威廉姆斯与本田的"蜜月期"。在职业生涯的第72场大奖赛上，曼塞尔用布兰兹·哈奇赛道的胜利，回报了一直支持自己的祖国同胞，同时开启了"胜利之路"。不久后，他夺得南非大奖赛的胜利，为来年向世界冠军发起冲击奠定了基础。

1986赛季，曼塞尔斩获5场胜利，比队友尼尔森·皮奎特多一场，两人的关系已经剑拔弩张。这场内斗让迈凯伦的阿兰·普罗斯特有了可乘之机，他悄无声息地从威廉姆斯"双保险"手中夺走了世界冠军。收官战上，在时速达到185英里（约298公里）的情况下，曼塞尔的赛车后轮突然爆胎，他眼疾手快，瞬间完成了精彩的救车动作，为这个遗憾的赛季画上了句号。次年，皮奎特第三次捧起世界冠军奖杯，而曼塞尔以撞车的方式暂别赛场。在本田决定弃威廉姆斯而去拥抱迈凯伦后，曼塞尔的世界冠军梦似乎变得遥不可及。

对曼塞尔而言，在1989赛季加盟法拉利车队是一个重要转折，这位斗志昂扬的英国车手正是由此开始声名鹊起的。巴西大奖赛是曼塞尔代表法拉利出战的第一场比赛，他以酣胜为"英意联姻"创造了梦幻开局。然而，该来的还是会来，此后几场比赛的碌碌无为，以及队内政治斗争的阴霾，让曼塞尔仿佛得了"受迫害妄想症"，坚信队友普罗斯特得到了偏爱。1990年7月的英国大奖赛上，主场作战的曼塞尔再次遭遇赛车故障。赛后，他出人意料地宣布将在赛季末退役。

1989 赛季,曼塞尔携手法拉利拿下揭幕战的胜利,创造了梦幻开局。但接下来一年中,他在赛场上的唯一收获就是加拿大大奖赛的季军(上图)

但 3 个月后,曼塞尔不仅改变了想法,还做出了重返威廉姆斯的决定。事后证明,这是他职业生涯中迈出的最关键的一步。彼时,威廉姆斯的首席设计师是艾德里安·纽维(Adrian Newey),出自他手的 FW14 堪称 F1 历史上最具科技含量的赛车之一,它拥有与传奇之名相称的性能和战绩。计算机控制的主动悬架让车手能放开手脚,哪怕以刁钻的角度高速入弯,它依然能应对自如。

曼塞尔对自己和赛车都信心十足,尽管队内的氛围仍旧时常令他不快。1992 赛季的赛程刚过 3/4,他便以 11 站 7 胜的成绩,提前加冕世界冠军。随后,他决定与威廉姆斯分道扬镳。

这一次,曼塞尔看起来似乎不会再回来,因为踏上北美大陆后,他创造了前所未有的纪录,在首秀赛季便问鼎印地赛车(Indycar)。孰料,1994 赛季埃尔顿·塞纳因事故丧生后,他又回到威廉姆斯跑了 4 场比赛,还拿到收官战澳大利亚大奖赛的胜利。这本该是告别 F1 的完美契机,但他随后又选择与迈凯伦签约。最终,由于魁梧的身材无法适应迈凯伦赛车,在 1995 赛季出战 2 场后,他草草结束了自己的 F1 生涯。一如故事的开端,曼塞尔多舛 F1 生涯的终点,交织着遗憾、困惑与争议。

右图：1991 赛季，曼塞尔驾驶威廉姆斯 - 雷诺 FW14 赛车夺得 5 场胜利，荣膺年度亚军

对页上图：1992 年 8 月，曼塞尔在匈牙利大奖赛上提前加冕 F1 世界冠军

对页下图：1992 赛季，驾驶鼻锥印有红色数字"5"的威廉姆斯 - 雷诺 FW14B 的曼塞尔，正奋力释放赛车的全部能量

"我与帕特里克（海德）和艾德里安（纽维）的关系亲密无间，我信得过他们。我对1992赛季的赛车是有感情的。我减肥了，这让我情绪高涨。那段时间我无比强大、专注，因为我一生都在等待那个时刻。我知道那很可能是我最后一个拿世界冠军的机会，我没说错！"

迈克尔·舒马赫用7座F1世界冠军奖杯缔造的赛道纪录或许很难被打破。1995赛季，他驾驶贝纳通-雷诺B195赛车第二次夺得世界冠军（左图）

迈克尔·舒马赫
Michael Schumacher

夺冠时间 1994年 1995年 2000年 2001年 2002年 2003年 2004年

　　迈克尔·舒马赫几乎重新定义了F1，他2012年退役后留下的那些生涯纪录，后来者恐怕很难追赶。

　　舒马赫手握7届世界冠军，比胡安·曼努埃尔·方吉奥还多2届，其他对手更是望尘莫及。7座世界冠军奖杯由91场大奖赛胜利铸就，这是震撼人心的数据。哪怕前行者阿兰·普罗斯特与后来者刘易斯·汉密尔顿，都会心存敬畏。

　　舒马赫取得这些成就，主要源于连续五个赛季与法拉利车队携手共进。从2000赛季到2004赛季，这对组合连续5次包揽车队和车手世界冠军。此前，舒马赫已经在贝纳通车队夺得2次世界冠军，树立了雷厉风行且不屈不挠的形象，他的职业素养和身体素质在F1中是前所未有的。

　　舒马赫展露出的领袖气质，吸引了罗斯·布朗（Ross Brawn）的关注，这位工程师是助力舒马赫取得辉煌成就的幕后英雄。1990年，时任捷豹车队技术总监的布朗，随队参加世界跑车锦标赛（World Sportscar Championship）。彼时，他只知道舒马赫是一名年轻的德国车手，在加入捷豹车队的竞争对手梅赛德斯车队前，已经在卡丁车和F3比赛中崭露头角。直到捷豹车手德里克·沃威克（Derek Warwick）被舒马赫的赛道战术激怒，声称要在维修区教训一下他时，不得不插手的布朗才深入了解了这名年轻车手。

　　布朗发现，舒马赫不仅是梅赛德斯车队里最快的车手，更重要的是，刚过弱冠之年的他，已经深谙"机械共情"

（mechanical sympathy）之道，懂得去保护轮胎和节省燃油。1991年，布朗成为贝纳通车队技术总监，舒马赫毫无悬念地出现在他的人才引进清单上。而得到梅赛德斯资金支持的舒马赫，此时刚刚驾驶乔丹赛车（Jordan）在比利时大奖赛上完成了自己的F1首秀。

舒马赫的家乡位于科隆（Cologne）西南部，那里距斯帕赛道咫尺之遥。凭借驾驶天赋，他在排位赛上跻身第七位，这是乔丹车队的赛季最佳排位成绩。尽管舒马赫的第一场F1正赛只持续了1分钟，就因离合器故障戛然而止，但这足以让他翻开职业生涯的新篇章。经过拉锯战般的合同谈判，贝纳通车队成功签下这名22岁的新秀。接着，舒马赫参加了意大利大奖赛，迈出了夺冠路上的第一步。

初来乍到的舒马赫，在高压环境下反而胸有成竹，他像海绵一样快速吸收着一切能让自己进步的信息。一年后，在斯帕赛道上，他迎来了职业生涯的首场大奖赛胜利。赛季结束，舒马赫斩获年度季军，仅次于当年大杀四方的"威廉姆斯双雄"。

贝纳通-福特车队与舒马赫互励共进，很快成为1994赛季威廉姆斯-雷诺车队卫冕路上的最强对手。当年，舒马赫与达蒙·希尔（Damon Hill）在阿德莱德的收官战上发生碰撞，双双退赛，他凭借积分优势夺得职业生涯第一个世界冠军。就这样，一个热血沸腾的赛季在争议中落下帷幕。

1995赛季，舒马赫与贝纳通-雷诺车队无往不利，成功卫冕。赛季结束后，他出人意料地决定转投当时还一团乱麻的法拉利车队。1996赛季，舒马赫拿下3场胜利。其中最精彩的一

对页上图：1991 赛季，比利时大奖赛，舒马赫驾驶乔丹 - 福特 191 赛车在排位赛中位列第七，奉上了令人难忘的 F1 首秀

对页下图：时隔一年，舒马赫再次来到斯帕赛道，驾驶贝纳通 - 福特 B192 赛车夺得自己的首场大奖赛胜利

左图：1995 赛季，日本大奖赛，弗拉维奥·布里亚托利（Flavio Briatore）抱起舒马赫，庆祝在英田赛道（Aida）取得的又一场胜利

下图：摩纳哥大奖赛，舒马赫驾驶贝纳通 - 雷诺 B195 赛车即将获胜。最终，他夺得了自己的第二座世界冠军奖杯

背页图：1999 赛季，如果没有中途因腿部骨折休赛，舒马赫就将驾驶法拉利 F399 赛车夺冠

"我反复问自己，那个时刻的感受是什么（指2000赛季冲过终点线时，那是他第一次为法拉利赢得F1世界冠军），但我无论如何都找不到合适的词。我不知道该怎么描述那种幸福之情。"

场非西班牙大奖赛莫属，在湿滑的赛道上，他依靠车手直觉克服赛车性能缺陷，一马当先。那是他身披红色战袍后赢得的第一场分站胜利。

在意识到夺冠不只依赖于驾驶技术后，舒马赫开始按自己的设想引导法拉利走上重塑之路。他说服罗斯·布朗搬到意大利，利用专业能力重组位于马拉内罗（Maranello）的技术部门，由此迈出了关键一步。到1997赛季，改革效果初显，舒马赫重新闯入"争冠集团"。然而，在收官战西班牙大奖赛上，他的法拉利赛车在领先状态下突发故障，速度渐慢，随后与呼啸而至的雅克·维伦纽夫（Jacques Villeneuve）驾驶的威廉姆斯赛车相撞。

至于孰对孰错，如果说三年前与达蒙·希尔的碰撞尚存争议的话，那么这次与维伦纽夫的碰撞就是毋庸置疑的错在舒马赫。事后，他愤愤不平地返回维修区，理直气壮地声称事故的"罪魁祸首"是维伦纽夫，就连法拉利同僚们都对此感到莫名其妙。冷静后，舒马赫观看了录像回放，至此才不得不默默接受现实。最终，维伦纽夫顺利完赛并加冕世界冠军，而舒马赫的年度积分被全部取消，这显然是公正的结果。

接下来两个赛季，舒马赫压力骤增。自1979年以来，法拉利一直无缘车手世界冠军，而此时的当家车手舒马赫，又连续两个赛季负于迈凯伦车队的米卡·哈基宁（Mika Häkkinen）。

不过，舒马赫没有懈怠，他与哈基宁的对决至今仍为人们所津津乐道。1998赛季，匈牙利大奖赛，舒马赫的经典战役之一。他必须获胜才有希望夺得世界冠军。比赛之初，他一直被

对页上图：2004赛季，舒马赫驾驶法拉利F2004赛车在斯帕赛道的水雾中飞驰，最终获得亚军

对页下图：2004赛季，英国大奖赛，舒马赫头戴普利司通帽，上面绣着"1st"（冠军）字样

上图：2004赛季，匈牙利大奖赛，舒马赫起跑后领先队友鲁本斯·巴里切罗（Rubens Barrichello）。最终，"法拉利双雄"顺利完赛，舒马赫夺魁，这是他那个赛季的第12场胜利，也是第7场连胜

"迈凯伦双雄"挡在身后。罗斯·布朗当机立断，将比赛策略由2次停站调整为3次，试图为舒马赫争取有利的赛道条件。然而，舒马赫必须在19圈内积累25秒的优势，才可能在最后一次进站后保持领先，让布朗的新策略奏效。他享受着这次挑战，每一圈都以排位赛的速度冲刺，最终完成了看似不可能完成的任务。

1999赛季的英国大奖赛上，一场事故导致舒马赫双腿受伤，他因此缺席了余下的比赛。2000赛季，舒马赫强势回归，经过与哈基宁的激烈较量，为法拉利夺得了一座振奋人心的世界冠军奖杯。自此，他与法拉利势如破竹，统治了整整四个赛季的比赛。

舒马赫的2005和2006赛季跌宕起伏。受轮胎规则变化影响，法拉利赛车失去了竞争优势，但逆境中的舒马赫依旧满腔热忱、斗志昂扬。据罗斯·布朗说，坐在赛车中的舒马赫拥有"王者风范"。

舒马赫的影响力早已不限于赛车运动，他一丝不苟的行事作风和精益求精的专业素养，潜移默化地影响了整个车队。他在体能训练中不断挑战极限，为其他车手树立了榜样。在领奖台上，哪怕对手们已经筋疲力尽，他依然活力四射。

持续15个赛季的F1征程，终有结束的一刻。2006年年末，舒马赫第一次选择退役。仅仅过了3年，2010年，渴望再次体验肾上腺素飙升之快的舒马赫，带着十足的信心，与梅赛德斯

对页上图：2006 赛季，倒数第二站日本大奖赛，法拉利 248F1 赛车罕见地出现发动机故障，导致舒马赫失去了第 8 次问鼎 F1 的机会。这是他在法拉利车队的最后一个赛季

对页左下图：熟悉的一幕，2006 赛季，中国大奖赛，舒马赫庆祝自己的第 91 场大奖赛胜利，这也是他职业生涯的最后一场胜利

对页右下图：舒马赫红色头盔上代表 7 届世界冠军的 7 颗星熠熠生辉

下图：2010 赛季，舒马赫携手梅赛德斯重返 F1，但实力大不如前。2011 赛季，日本大奖赛，舒马赫驾驶梅赛德斯赛车仅获第六名

底部图：2010 赛季，阿布扎比（Abu Dhabi）大奖赛，舒马赫祝贺同胞塞巴斯蒂安·维特尔（Sebastian Vettel）第一次夺得 F1 世界冠军

车队联手重登 F1 赛场。事后看来，这显然并不明智，梅赛德斯彼时还立足未稳，而舒马赫已年逾不惑。

2012 赛季结束后，舒马赫第二次告别 F1。他的"赛道魔力"或许已消散，但人们对他逐鹿赛道的身影，以及他创造的那些震古烁今的赛道纪录，仍然记忆犹新。

然而，2013 年 12 月，一切荣耀过往都变得无足轻重。一场并不严重的滑雪事故导致舒马赫脑部严重受伤，自此陷入深度昏迷状态。直到今天，他的恢复情况依然扑朔迷离。这场悲剧的讽刺性在于，作为所向披靡的顶级车手，舒马赫在赛场上与危险共舞数十载终全身而退，可来到赛场外，却被一次意外彻底击倒。

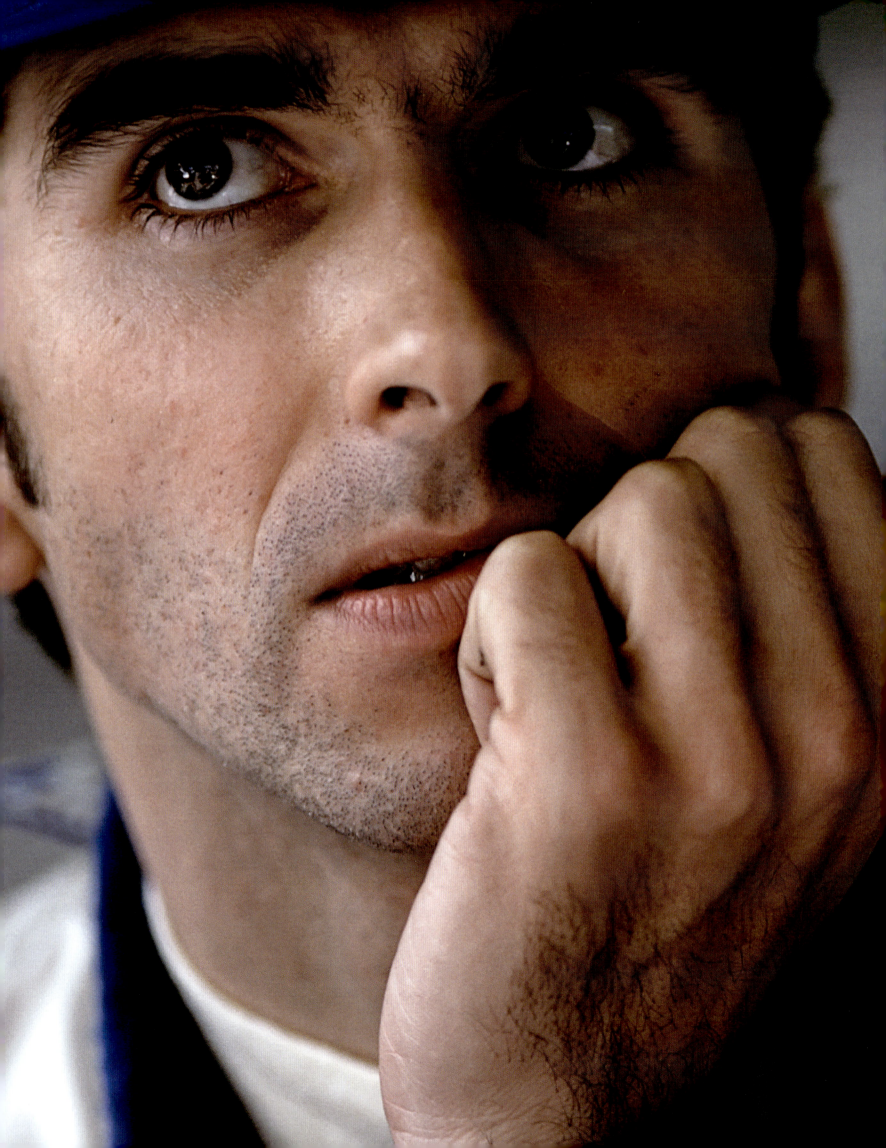

达蒙·希尔善言、思缜、志坚。1996赛季，他克服赛道内外的重重困难，驾驶威廉姆斯-雷诺赛车夺得F1世界冠军

达蒙·希尔
Damon Hill

夺冠时间 1996年

达蒙·希尔的第一个孩子在1989年3月降生。他当时28岁，经济拮据，住在出租屋里。即便如此，他仍然决心成为一名职业车手。他接受了在日本3000方程式（Japanese Formula 3000）上驾驶一台赛车的机会。事实上，稍微理智些的车手都不会去碰那台赛车（希尔完赛后没多久就有一位车手在驾驶那台赛车时丧生），但希尔不仅坐进了驾驶舱，还开出了那台赛车此前从未达到的速度。为了吸引更多关注，他别无选择。

相似的情形出现在他首次参加F1比赛时。1992年，希尔加入布拉汉姆车队，这支昔日强队正深陷财务危机，面临破产风险。在家乡举办的英国大奖赛上，希尔挣扎地通过了排位赛，却在正赛上被套了5圈，这恐怕都要归咎于布拉汉姆赛车的孱弱。

不久后，为积累经验、增长见识，希尔转投威廉姆斯车队担任测试车手。1993赛季，威廉姆斯空出一个能与卫冕世界冠军搭档的车手席位，希尔抓住机会顺利转正，顺势夺得了自己的第一场大奖赛胜利。在旁观者看来，先后与阿兰·普罗斯特和埃尔顿·塞纳并肩作战，让这位34岁的高龄新秀取得了长足进步。

实际上，在塞纳殒命伊莫拉后，希尔的职业生涯就已经朝着他不曾预想的方向发展。彼时还只是一名"三年级新生"的他，突然发现自己要领导一支冠军车队，在期待的目光中向车队与车手世界冠军发起冲击。

希尔的 1992 赛季如履薄冰,他驾驶毫无竞争力的布拉姆 -Judd(Brabham-Judd)BT60B 赛车,先是 6 次折戟排位赛(包括摩纳哥大奖赛,上图),随后又在英国大奖赛正赛上被套 5 圈

对页上图:1993 赛季,匈牙利站,希尔驾驶威廉姆斯 - 雷诺 FW15C 赛车,取得自己的第一场大奖赛胜利

对页下图:1993 赛季,英国大奖赛银石赛道,希尔因发动机故障退赛。赛道内外的多灾多难使他愈挫愈勇

    这位英国车手的谦逊内敛,甚至让威廉姆斯管理层对他缺乏信心。所幸,希尔默默担起了重任,他不仅帮助车队在艰辛的法律纠纷中重振旗鼓,还在赛季倒数第二站日本大奖赛上,以万夫不当之勇征服了湿滑的赛道。

    希尔在日本大奖赛的胜利,使夺冠悬念延续到收官战上,他将与迈克尔·舒马赫一决高下。在阿德莱德的街道上,就在即将取得领先时,希尔的威廉姆斯赛车与舒马赫的贝纳通赛车发生了碰撞,一场史诗级较量在争议声中落幕,舒马赫成了最后的赢家。

    1995 赛季,舒马赫蝉联世界冠军,这次的结果无可非议。再次角逐失利的希尔几乎丧失了斗志。但这不是他第一次失败,他很清楚,自己必须痛定思痛、奋起直追。1996 赛季,希尔强势回归,斩获 8 场胜利,终于登上世界冠军领奖台。然而,赛季结束后威廉姆斯并没有与他续约。在飞箭车队(Arrows)蹉跎了一个赛季后,他最终选择在乔丹车队结束车手生涯。

    1 届 F1 世界冠军,22 场大奖赛胜利,希尔的故事远不止于此。他早期的生活混沌而纠结,很大一部分原因在于他成长在父亲的阴影下,他的父亲是格雷厄姆·希尔,深受英国人民爱戴的传奇车手,两届 F1 世界冠军。

    父亲的威望让童年时期的希尔备感压抑,在他挣扎着接受现实后,一场悲剧又不期而至。1975 年 11 月,老希尔在一次飞行事故中遇难。由于失事飞机的证件和保险被判无效,希尔一家的生活变得捉襟见肘。他当时只有 15 岁,是家里唯一的男人,母亲和两个姐姐在忍受丧亲之痛的同时,还要想方设法维持生计。

"赢得F1世界冠军是一项举世公认的荣誉。但你要经历一段蛰伏,才会领悟它对你的全部意义。身处F1赛场,纷纷扰扰有如过眼云烟。我发现,岁月每沉淀一分,我对夺冠经历的感念就会增加一分。你必须不断前行,你已经不同过往。蓦然回首,艰辛历历在目。但我感谢我所经历的一切。"

对页上图：希尔眉头紧锁，思考着如何对抗迈克尔·舒马赫。后者是他在 1994 和 1995 赛季的主要对手

对页下图：1996 赛季，希尔抛却过往苦楚，驾驶威廉姆斯 - 雷诺 FW18 赛车凭借 8 场胜利问鼎 F1，终于能与父亲比肩

下图：1998 赛季，希尔加入总部位于银石的乔丹车队，在大雨侵袭后的比利时斯帕赛道为车队赢得大奖赛首胜

面对一团乱麻的生活，希尔竭力掌控自己的命运。靠着打零工赚来的钱，他试图在心仪的摩托车运动领域闯出一片天地。不久，在母亲的劝说下，他决定转战汽车运动领域，因为在母亲看来，驾驶汽车至少比驾驶摩托车更安全。不过，这也让希尔不得不承受身为世界冠军之子的压力。

直到在赛车运动中取得了能与父亲比肩的成就后，希尔才渐渐解脱。经过一段与抑郁情绪抗争的艰难时期后，希尔如释重负，带着睿智与温和再次投身赛事活动。后来，他出版了一本自传（Watching the Wheels: My Autobiography, 2016 年），以推心置腹的文字与读者畅谈过往，为体育界名人自传树立了至高标准。

蓬乱的金发、爽朗的笑容、洋溢的自信，这就是1997赛季驾驶威廉姆斯-雷诺FW19赛车夺得F1世界冠军时的雅克·维伦纽夫

雅克·维伦纽夫
Jacques Villeneuve

夺冠时间 1997年

　　直截了当是雅克·维伦纽夫的行事风格。或许在父亲将自由之魂与驾驶风格融为一体前，活在当下就已经成为维伦纽夫家族的座右铭。

　　1982年的比利时大奖赛中，父亲吉尔（Gilles）在排位赛上遇事故丧生，维伦纽夫当时只有11岁。家人考虑到他正处于躁动的青春期，便将他送到瑞士维拉尔（Villars，全称Villars-sur-Ollon，直译为奥隆旁的维拉尔）的学校读书。沁润在碧波荡漾的日内瓦湖（Lake Geneva）与雪色莹蓝的阿尔卑斯群峰间，他完全释放了自我，没有因父亲的突然离世而沉沦。正所谓有其父必有其子，维伦纽夫钟情于与风险共舞，游走在"刀锋"之上，他对肾上腺素欲罢不能，对更快更强如饥似渴。

如此看来，他像父亲一样踏上亚平宁半岛，将竞速之爱投入赛车运动，也就成为必然。

　　意大利人对这位戴眼镜的年轻车手眷顾有加，这还要感谢他的父亲。老吉尔在赛道上的激情四射，早已俘获了每一位意大利车迷的心。无论法拉利赛车的竞争力多么匮乏，他都会竭尽所能地让它发光发热。

　　维伦纽夫需要的是循序善诱，因为与其他茁壮成长的"希望之星"不同，他没有参加卡丁车赛的经验。直接晋级F3后，他志在必得。维伦纽夫就像一块海绵，努力记住每个细节，边学边做。杂糅着桀骜不驯与漫不经心的性格，让他选择走上一条众望所归的路——在意大利完成父亲的未竟之业。

上图：F1 的完美起步。1996 赛季，墨尔本，澳大利亚大奖赛，维伦纽夫从杆位烧胎起跑，开启巡场圈，这是他职业生涯的第一场大奖赛。然而，威廉姆斯 - 雷诺 FW18 赛车突发故障，断送了他的取胜良机

对页上图：维伦纽夫的头盔配色在他高开低走的 F1 生涯中从未改变

对页下图：蒙扎赛道上，维伦纽夫驾驶威廉姆斯 FW19 赛车直击弯心，完赛后位居第五。对 1997 赛季的维伦纽夫而言，这样的成绩并不具备代表性，因为他最终收获了 10 个杆位、7 场胜利，以及世界冠军奖杯

    不过，维伦纽夫对家乡魁北克（Quebec）有着更强烈的归属感，因为他与父亲相隔 21 年在那里降生。他决定在加拿大正式参赛。在父亲曾经所向披靡的三河城（Trois-Rivières）街道赛上，他以第三名完赛，没有辜负家乡人的期待。

    征战印地赛，也几乎是一瞬间的决定。尽管依旧缺少经验，但维伦纽夫热爱挑战。在问鼎久负盛名的印地 500 大赛，荣膺印地赛 1995 赛季年度冠军后，他理所当然地受到了威廉姆斯车队的关注。不出所料，踌躇满志的维伦纽夫再次毫不犹豫地投入了陌生的赛场。

    维伦纽夫童话般的赛车生涯翻开了新篇章。在职业生涯首场大奖赛上，他夺得杆位，而且全场没有犯任何技术错误。如果不是燃油管破裂，他很可能收获一场酣胜。1996 赛季，维伦纽夫赢得 4 场胜利，在赛季末获得了与队友达蒙·希尔争冠的机会。尽管希尔笑到了最后，但在维伦纽夫看来，这次惜败让他积累了难得的经验，也为来年再度争冠奠定了基础。在 1997 赛季的收官战上，与对手迈克尔·舒马赫的法拉利赛车发生碰撞后，维伦纽夫坚持完赛，终于实现了父亲未酬的夙愿，加冕 F1 世界冠军。

    然而，那一年的 7 场分站胜利和世界冠军头衔，也成了维伦纽夫 F1 生涯仅有的辉煌。转投英美车队（British American Racing）后，他很快丧失了强劲的势头，这支初来乍到的车队承诺了很多，但无一兑现。2006 年，接连经历了在雷诺和索伯车队（Sauber）的迷茫后，维伦纽夫无奈地选择了告别 F1。

"赢得世界冠军不止是梦想,更是目标,是终极成就。但我并没把它放在心上,因为这对我来说只是个开始!赢得世界冠军只是让我名声在外,不会让我的驾驶技术有什么改变。我每年都在让自己变得更好,哪怕从结果上看不到这一切。更关键的是,我对胜利依然如饥似渴。"

对页上图：在赛车调校上，维伦纽夫总是我行我素，而且敢想敢做

对页下图：1998赛季，蒙特利尔，加拿大大奖赛，经历多次重新起跑后，维伦纽夫驾驶威廉姆斯-Mechachrome（Williams-Mechachrome）FW20赛车取得领先，但这位卫冕冠军最终仅以第十名完赛，落后头名6圈

下图：2000赛季，维伦纽夫加入新组建的英美车队，最终没能达成预期目标。2002赛季，奥地利大奖赛，他驾驶BAR-本田004赛车以第十名完赛

底部图：出号的赛车服和靴舌外翻的赛车靴，无疑是维伦纽夫最具辨识度的形象特征

　　赛车，已经成为维伦纽夫生命中无法割舍的部分，你能在几乎所有赛事中看到他的身影，无论房车赛、耐力赛，还是拉力赛。作为赛事评论员，他时常会出现在F1的围场里，直截了当地表达自己的看法，保持着过往的不羁风格。

　　身材小，个性强，这就是维伦纽夫。作为车手，他在人们眼中总有些离经叛道，形象邋遢，赛车服臃肿不堪，赛车靴靴舌外翻。这种状态也延伸到他与车队工程师的关系上，他在赛车调校上总是我行我素，甚至与其他车手截然相反，这让人感觉他只是在刻意追求与众不同。无论如何，维伦纽夫在赛车界开辟了一条绝无仅有的自我实现之路，这足以告慰老吉尔的在天之灵。

米卡·哈基宁,安静谦逊但永远力争上游的两届 F1 世界冠军。1998 赛季,日本大奖赛,他第一次荣膺世界冠军(右图)

米卡·哈基宁
Mika Häkkinen

夺冠时间 1998年 1999年

赛事正酣时,一台飞驰中的迈凯伦赛车后轮突然爆胎,冲出赛道后高速撞上护栏。坐在车里的米卡·哈基宁,由于安全带大幅拉伸,头撞到了方向盘上,各式功能按键在他的头盔上砸出了好几个洞。如果不是恰巧在附近的两位赛道医生迅速且娴熟地实施了紧急气管切开术,他可能已经撒手人寰。

所幸,除了颅骨开裂外,这位芬兰车手并无大碍,只要恢复良好就能重返赛道。接下来一个月,哈基宁头痛难耐,完全无法思考,更别说驾驶赛车。这场发生在 1995 赛季澳大利亚大奖赛排位赛上的事故,阴差阳错地成为改变他人生轨迹的契机。

在医院治疗期间,哈基宁冥思苦想,自己过去 27 年的人生完全被赛车占据,接下来的路将何去何从。作为斯堪的纳维亚(Scandinavia)的卡丁车赛和福特方程式冠军,他南下欧洲大陆打拼,投入大量资金后,取得了不错的战绩,在 1987 年年末获得了万宝路(Marlboro)的测试机会。这场开销不菲的追梦之旅,助力哈基宁晋级 F3 锦标赛,最终在 1991 年拿到了路特斯车队的车手席位。

尽管作为前世界冠军车队的路特斯已经日薄西山,但别忘了,那里终归是 F1。倾尽所能后,哈基宁迎来了曙光,他被迈凯伦车队选中,从 1993 赛季开始担任测试车手,还获得了与埃尔顿·塞纳搭档参赛的机会。第二年,塞纳转投威廉姆斯车队,而哈基宁选择留下,与迈凯伦携手开启复兴之路。1995 赛季,梅赛德斯成为迈凯伦的发动机供应商,哈基宁在日本大奖赛上以第二名的成绩完赛。13 天后,便发生了开篇的那场恶性事故。

随着身体日渐好转,哈基宁愈加珍视生命的价值,以及狂

热的 F1 围场之外的那个更广阔的世界。这并不代表竞速在他心中已经无足轻重，只是他的心境变得更为平和。然而，他更需要审视的，是自己还能否驾驭 F1 赛车，能否让赛车达到竞技速度。

迈凯伦车队的同僚们抱有同样的疑问，因为眼前这位重伤在身的车手头发被剃去了一半，日后还有接连不断的复查等着他。事故发生后的第 4 个月，哈基宁参加了队内的测试赛，跑出了让自己和管理层都倍感欣慰的圈速。至此，迈凯伦和哈基宁都不再疑虑，他们要以最佳的状态迎接 1996 赛季。

哈基宁拥有冷嘲式的幽默感和平易近人的天性，但作为车手，在与非自己车组的人讨论比赛策略时，他又总是沉默寡言。1997 赛季，队友大卫·库特哈德（David Coulthard）已经斩获两场胜利，而哈基宁的赛车却多次遭遇故障，沮丧之情开始在他的车组中蔓延。收官战西班牙大奖赛上，尽管库特哈德再次领先，但车队发出指令，让已经参加了 99 场大奖赛的哈基宁超越队友，收获了职业生涯的第一场大奖赛胜利。赛后，哈基宁如释重负，一系列史诗级较量正等待着他。

1998 赛季，迈凯伦与法拉利并驱争先，迈克尔·舒马赫赢得 6 场胜利，而哈基宁凭借 8 场胜利一举荣膺世界冠军。1999 赛季，哈基宁成功卫冕。这一年对两位夺冠热门而言都可谓历尽艰辛，舒马赫因事故腿部骨折，无奈休赛，而哈基宁则受困于赛车可靠性问题。

2000 赛季，哈基宁与舒马赫的冠军之争趋于白热化，最具戏剧性的一幕在比利时斯帕赛道上演：来到漫长的上坡段，双

对页上图：初闯 F1 时，哈基宁驾驶路特斯赛车积累了宝贵的赛道经验。1992 赛季，比利时大奖赛，他与路特斯 - 福特 107 赛车携手斩获第六名

对页下图：1997 赛季末，西班牙站，哈基宁驾驶迈凯伦 - 梅赛德斯 MP4/12 赛车获得首场大奖赛胜利，那是他的第 7 个 F1 赛季

上图：1998 赛季，卢森堡大奖赛在纽博格林赛道举办，哈基宁驾驶迈凯伦 - 梅赛德斯 MP4/13 赛车，取得了赛季 8 场胜利中的首胜

左图：2001 年年末退役后，哈基宁一直与梅赛德斯 - 奔驰保持着良好关系

"我从埃尔顿（塞纳）身上学到的是，哪怕天赋异禀也是远远不够的。要想成功，就必须竭尽所能。埃尔顿一直很努力，他付出的一切是常人无法想象的。世上没有天生的赢家。成功还需要自律和牺牲。"

对页上图：1995 赛季的赛道事故险些让哈基宁丧命，他为此开始重新思考自己的人生路

对页下图：2000 赛季，哈基宁驾驶迈凯伦-梅赛德斯 MP4/15 赛车赢得 4 场胜利，获得年度亚军

下图和底部图：2001 赛季，英国大奖赛，哈基宁驾驶迈凯伦-梅赛德斯 MP4/16 赛车在湿滑的银石赛道上取胜，这是他那个赛季宣布退役前收获的两场胜利之一

方时速达到 200 英里（约 322 公里），处于领先位置的舒马赫，在化解了哈基宁的进攻后，又将他的迈凯伦赛车挤出赛道，这让后者大为光火。

进入下一圈，在同样的位置，两人遭遇了一台被套圈的慢车。舒马赫切到左侧，哈基宁在右侧。湿滑的赛道给了哈基宁线路优势，他得以率先进入下一个弯道，顺势超越了舒马赫。回溯历届冠军争夺战，这次无畏的超越堪称前所未有。

遗憾的是，哈基宁最终惜败于舒马赫。12 个月后，他选择了退役。尽管依然斗志昂扬，但事故后遗症导致哈基宁的竞技状态大不如前。那场惨烈的事故，险些让 F1 赛场失去一位安静谦逊但永远力争上游的世界冠军。

费尔南多·阿隆索天资超凡,在雷诺车队蝉联两届F1世界冠军远不是他的上限

费尔南多·阿隆索
Fernando Alonso

夺冠时间 2005年 2006年

2005赛季,巴西大奖赛,24岁的费尔南多·阿隆索成为当时F1赛史上最年轻的世界冠军。尽管冠军领奖台上也有必要的礼节,但官方采访团队不得不耐心等待,因为阿隆索刚刚接到西班牙国王打来的电话。

来自国王的贺电既是对阿隆索仅征战4个赛季就问鼎F1的嘉奖,也是对他一跃成为国民偶像的佐证。在此之前,西班牙连一位知名的大奖赛车手都没有,更不要说一位F1世界冠军了。阿隆索在赛车运动中突飞猛进,车迷们纷纷涌进赛场,唯恐错失见证历史的机会,西班牙大奖赛主办方为此不得不扩建了看台。在车迷们看来,对驾驶雷诺赛车风驰电掣的阿隆索而言,夺冠是一件水到渠成的事,绝不是一件机会渺茫到必须靠勇气和声援才能实现的事。

至少在2002年,阿隆索自己也是这样认为的。那年,雷诺车队向他张开怀抱,邀请他担任测试车手。而此前,他在排名垫底的米纳尔迪车队(Minardi)度过了新秀赛季。那支小车队的"P房"通常被安排在寂静的维修区尽头。阿隆索在毫无压力的环境下筹划着自己在F1的未来。在他看来,加入米纳尔迪是为了学习F1的真实规则,而驾驶赛车和参加比赛只是一种形式,就像3岁时父母把他放进卡丁车里一样。

阿隆索已经记不清儿时垫了多少方砖才能踩到加速踏板,记不清费了多少周折才真正学会驾驶卡丁车。他只记得御风疾驰让自己如醉如痴。正是这份挚爱引领着他与日俱进,赢得了雷诺车队老板弗拉维奥·布里亚托利(Flavio Briatore)的青睐。一年的测试车手经历没有白费,他在2003年成为雷诺的正式车

上图：2001 年，阿隆索在米纳尔迪车队的一个赛季绝非虚度光阴，他掌握了 F1 的真实规则

对页上图：2005 赛季，阿隆索驾驶雷诺 R25 赛车向迈克尔·舒马赫和法拉利宣战。巴林大奖赛的胜利是他当季收获的 7 场胜利之一，最终，他捧回了自己的第一座 F1 世界冠军奖杯

对页下图：阿隆索很享受雷诺车队家庭般的和谐氛围，2006 赛季，他成功卫冕 F1 世界冠军

手，做好了出征 F1 的准备。事实证明布里亚托利没有看错人：阿隆索在驾驶雷诺赛车出战的第二场比赛上就拿到了杆位，仅仅 5 个月后，他在匈牙利站收获了职业生涯的首场大奖赛胜利。

对阿隆索与雷诺车队而言，赢得世界冠军只是时间问题，他们需要做的是击败势头正盛的迈克尔·舒马赫与法拉利车队。功夫不负有心人，2005—2006 赛季，阿隆索蝉联两届世界冠军，接连品尝了冠军香槟的滋味。

雷诺完全接手贝纳通车队后，一路高歌猛进。见证并携手缔造辉煌，让阿隆索倍感欣慰。他庆幸自己能在一个渴望胜利的团队中成长，庆幸这个团队赋予自己无可替代的地位。然而，一次选择改变了一切。

2007 年，阿隆索转投迈凯伦-梅赛德斯车队。表面上看，这是一次理性的选择。这支车队的成就一如他们的萨里郡（Surrey）总部大楼般耀眼。在这里，阿隆索迎来了新队友，一位在迈凯伦青训队里备受瞩目的英国新秀——刘易斯·汉密尔顿。

汉密尔顿初来乍到就试图在阿隆索面前逞强立威，没有对这位身为两届世界冠军的车队领袖表现出应有的尊重，这让后者颇感意外。赛季在推进，而迈凯伦的管理层似乎不打算在这场"尊重危机"中有所作为，让一切回归正轨。在阿隆索看来，这是双方关系恶化的根源。

阿隆索决定离开迈凯伦，重返日渐乏力的雷诺。他因此错失了可能不止一次夺冠机会，更消磨了自己的潜力。不过，至

"我热爱竞速,享受每个周末的赛道时光。我可能应该再多拿几座冠军奖杯,或者有台更快的赛车,但我笃定了当时看来最正确的选项。我一直遵从直觉,追寻心之所向,只有这样才能无悔终生。"

对页图：2007 赛季，摩纳哥大奖赛，阿隆索驾驶迈凯伦 - 梅赛德斯 MP4/22 赛车取胜，这是他当季仅有的 4 场胜利之一。对不满情绪的宣泄加剧了他与车队间的矛盾

下图：2013 赛季，西班牙大奖赛，阿隆索强势起跑，一骑绝尘，以胜利回报了祖国车迷。尽管法拉利 F138 赛车战绩不俗，但接下来的赛程中阿隆索还是与世界冠军渐行渐远

少在 2010 年法拉利车队签下阿隆索时，还没有人认为有什么能掩盖这位西班牙车手的超凡天赋，哪怕是一支极速衰落的车队。

这是一对令世界翘首期盼的组合。阿隆索倾尽全力，但在法拉利式的氛围中，直率不羁的性情与明里暗里的权斗，最终让夺冠的美好愿景化为泡影。2010 赛季的收官战就是典型的例子，一次严重的决策错误让法拉利与唾手可得的胜利擦肩而过。

2014 赛季，F1 进入"混动时代"，目睹汉密尔顿统治赛场并接连夺冠，阿隆索的沮丧情绪不断发酵。这位曾经的车坛与媒体宠儿变得消沉且易怒。法拉利车队被意大利媒体口诛笔伐，而阿隆索的抱怨只能让事态雪上加霜，双方的决裂已经在所难免。所谓一步错步步错，离开法拉利后，阿隆索选择了回归迈凯伦，这成了他职业生涯的又一块伤疤。

阿隆索与迈凯伦的冰释前嫌，或许是一次对"以和为贵"美德的绝好宣传，却无法阻止后者坠入衰落的深渊。对此时的阿隆索而言，分站胜利尚且遥不可及，更遑论第三次世界冠军。他上一次举起冠军奖杯已经是十多年前的事了。

2018 年，尽管仍然能全身心地奉上赛道攻势，阿隆索还是在赛季结束后选择了告别 F1。这一次，他没有接到国王的电话，这位车手的非凡天赋或许再也没有施展的机会（鉴于本书成稿于 2020 年，译者特补充如下事实：2021 赛季，阿隆索复出加盟 Alpine 车队，连续稳定拿分，在卡塔尔大奖赛上收获季军；2022 赛季，他与 Alpine 车队决裂，宣布将在 2023 赛季加盟阿斯顿·马丁车队）。

除了在赛道上御风疾驰外，基米·莱科宁不愿在其他任何事上分心。2007 赛季收官战上，他冷静地驾驶法拉利赛车夺得了世界冠军

基米·莱科宁
Kimi Räikkönen

夺冠时间 2007 年

　　基米·莱科宁在 F1 的首秀堪称奇迹，他以第六名完赛并拿到 1 个积分。赛后，蜂拥而至的记者们接连抛出 21 个有关他出色表现的问题，但他的每一个回答都没超过 25 个词，绝大多数只是寥寥数语。这并不是说他粗鲁或不善言辞，这恰恰是他的处世哲学，化繁为简。

　　当被问及此前是否到现场观看过 F1 比赛时，莱科宁语出惊人：他现场看过的第一场比赛就是自己的首秀。其实这并不值得大惊小怪，因为他的首秀，2001 赛季澳大利亚大奖赛，只是他投身赛车运动以来参加的第 24 场比赛。如此一日千里式的赛道征程显然证明了他无与伦比的天赋。首秀上，他驾驶索伯 - 法拉利赛车没有犯下任何技术错误。

　　此前，在旁人的劝说下，皮特·索伯（Peter Sauber）给了莱科宁一次参加 F1 测试的机会。这场测试起到了两个作用：一来，莱科宁可以向这位对自己尚抱怀疑态度的 F1 车队老板证明自己的实力；二来，鉴于莱科宁几乎没有比赛经验，提前让官方考核这位 21 岁的年轻人是否有资格获得超级驾照（FIA super licence），无疑是个不错的办法。莱科宁用比赛表现给出的回答，显然比面对记者时惜字如金的回答更有说服力，而记者们关心的无非是这位少言寡语的芬兰人到底有什么本事。

　　似乎没有什么能打乱莱科宁的节奏。2002 赛季，他毫不犹豫地接受了迈凯伦 - 梅赛德斯的车手席位，加入一支过去 4 个赛季成绩数一数二的顶级车队，压力可想而知。在迈凯伦 - 梅赛德斯度过的 5 年时光里，莱科宁成长为一名"无情"的快车手，只要手握方向盘，他总能将赛车的性能压榨到极限，这与赛场

上图：2001赛季，澳大利亚大奖赛，莱科宁驾驶索伯-马石油（Sauber-Petronas）C20赛车奉上自己的F1首秀，最终以第六名完赛并拿到积分

对页左上图和右上图：2005赛季，摩纳哥大奖赛，莱科宁驾驶迈凯伦-梅赛德斯MP4/20赛车从杆位起跑并获胜，这使他成为世界冠军的有力争夺者

对页中图：2004赛季，尽管莱科宁只取得了一场胜利，但他在斯帕赛道击败迈克尔·舒马赫的过程精彩至极

对页底部图：2006赛季，摩纳哥大奖赛，莱科宁驾驶的迈凯伦-梅赛德斯MP4/21赛车出现发动机故障，这是一个令人失望的赛季的缩影。那是他在迈凯伦的最后一个赛季

外的他判若两人。久而久之，机械师和车迷们都爱上了这位恬静的芬兰人，亲切地称他为"冰人"（Iceman），而莱科宁自己显然也很乐于接受这个绰号，特意将它印在了头盔上。

如果不是迈凯伦赛车的可靠性不佳，莱科宁可能不会接连错失两届F1世界冠军。尽管他最终与法拉利携手赢得了自己的第一座世界冠军奖杯，但在迈凯伦的日子或许才是他真正的职业生涯巅峰期。讽刺的是，他与法拉利在2007赛季的成功，很大程度上要拜迈凯伦陷入内斗所赐。总之，远离了围场政治后，莱科宁收获了更多。

相比之下，法拉利赛车与普利司通轮胎（Bridgestone）的组合，很难让莱科宁找到驾驭迈凯伦赛车与米其林轮胎（Michelin）组合时的得心应手之感。成绩不佳加之兴致骤减，让莱科宁短暂放弃了F1比赛，转而征战了两个赛季的拉力赛和纳斯卡比赛（NASCAR）。直到2012赛季，在路特斯车队的力邀下，他决定重返终归无法割舍的F1赛场。丰富的经验与扎实的技术，助力他在接下来的两个赛季里频频收获分站胜利。2014赛季，法拉利车队做出了一个惊人的选择——再次签下莱科宁，而在很多人看来，这位芬兰车手已经难回巅峰。

事实上，这种状况很适合莱科宁：法拉利几乎没让他承担任何公关职责，给了他更多在"酒精"中逍遥的时间。对莱科宁而言，驾驶赛车显然比应付无休止的媒体采访和赞助商活动轻松得多。法拉利的管理层很清楚，莱科宁会毫无保留地辅佐车队一号车手塞巴斯蒂安·维特尔（Sebastian Vettel），并且耐心等待车队找到接替他的潜力新秀。总之，选择莱科宁只是法拉利的权宜之计。2019赛季，万众期待的摩纳哥车手夏尔·勒克莱尔（Charles Leclerc）取代了莱科宁。在此之前，2018

"我能在家里待一周,哪儿也不去。我很享受就这么待着。我可以一天24小时不去想F1。"

对页图：2007 赛季，法国大奖赛，马尼库尔赛道（Magny-Cours），莱科宁正在做发车准备，他最终赢得了胜利。这是他当季驾驶法拉利 F2007 赛车夺得的 6 场胜利之一

下图：2014 赛季，莱科宁回归法拉利，先后为费尔南多·阿隆索、塞巴斯蒂安·维特尔提供了有力支持。2018 赛季，西班牙大奖赛，莱科宁驾驶的法拉利 SF71H 赛车正在发车格中准备发车

年 10 月，莱科宁刚刚赢得了自己的第 21 场大奖赛胜利，赛场上的他，一如既往地沉稳、敏捷、狡黠。

回顾过往，我们会发现莱科宁在喧嚣的 F1 围场中保有着难得的恬静。2019 赛季，他选择回归索伯。这是 18 年前梦开始的地方，结果如何？或许还是像开始那样简单、纯粹（鉴于本书成稿于 2020 年，译者特补充如下事实：2019 年莱科宁加盟后，索伯车队更名为阿尔法·罗密欧 - 竞速车队（Alfa Romeo Racing）；2019 赛季在摩纳哥，莱科宁参加了自己的第 300 场大奖赛，成为赛史上第五位达成这一成就的车手；2021 年 12 月在阿布扎比大奖赛上，莱科宁正式退役）。

2018赛季,刘易斯·汉密尔顿在第5次夺得世界冠军后,跻身F1最伟大车手之列

刘易斯·汉密尔顿爵士
Sir Lewis Hamilton

夺冠时间 2008年 2014年 2015年 2017年 2018年 2019年 2020年

投身卡丁车赛伊始,刘易斯·汉密尔顿的心中榜样就是埃尔顿·塞纳。1993年,当塞纳已经豪夺3届F1世界冠军、斩获41场分站胜利时,年仅8岁的汉密尔顿开启了自己的赛车生涯。如今,他取得的成就足以比肩,甚至超越他心中的榜样。

赢得英国卡丁车赛冠军后,汉密尔顿有幸见到了塞纳。其他F1车手都对这个毛头小子视而不见,唯有塞纳,主动与他握手并短暂交流。言谈中,塞纳始终温情注视着汉密尔顿的双眼,让人感觉毫无年龄与身份的隔阂,这是纯粹的车手间的惺惺相惜,也是汉密尔顿最期待的场景。然而,短短几个月后,在1994赛季的圣马力诺大奖赛上,塞纳不幸遇难。心中的榜样就这样意外离去,让汉密尔顿悲痛万分。

尽管斯人已去,但这位赛车英雄的特质持久影响着汉密尔顿。那独树一帜的迅猛驾驶风格,那勇士般坚韧不屈的意志,无不激励他成长,催他奋进。从22岁参加第一场大奖赛起,汉密尔顿就带着与塞纳相同的激情和专注,在极限边缘游刃有余。

1994年,初识迈凯伦车队经理罗恩·丹尼斯(Ron Dennis)时,汉密尔顿就大胆地毛遂自荐,说有朝一日一定会为迈凯伦而战。丹尼斯被这份勇气和自信打动了,他记住了这个孩子。随着汉密尔顿接连夺得雷诺方程式、F3和GP2冠军,丹尼斯愈发期待他的表现。最终,在2007赛季,汉密尔顿如愿加盟迈凯伦,成为费尔南多·阿隆索的队友。

在迈凯伦的前几年,汉密尔顿与车队上下建立了亲密无间的关系,他感觉自己是这个大家庭中不可或缺的一分子。从资历上说,汉密尔顿显然是新秀,但在澳大利亚大奖赛——他的处子秀上,在发车灯熄灭的一瞬间,他便立即展现出超越同龄人的果敢与沉稳。刚进入第一个弯道,他就从外侧超越阿隆索,

令这位两届世界冠军,以及整个F1围场里的人都刮目相看。这绝不是愣头青式的虚张声势,而是像他自己所说的那样:"这就是我的驾驶风格。"

5场比赛后,胸有成竹的汉密尔顿在加拿大斩获了职业生涯的第一场大奖赛胜利,紧接着,他在美国大奖赛上又下一城。很多车手通常在一个赛季甚至更长时间里都无法实现的目标,汉密尔顿就这样实现了。自此,他势如破竹。

然而,汉密尔顿的扶摇直上无疑击碎了阿隆索的优越感,队内冲突一触即发。雪上加霜的是,迈凯伦技术部被指控窃取法拉利车队的技术,事态在不断发酵。最终,迈凯伦被取消积分,汉密尔顿以1分之差惜败于莱科宁,与世界冠军失之交臂,使处子赛季在遗憾中落幕。

阿隆索离开后,汉密尔顿开始享受在迈凯伦的第二个赛季,队内不再有人能威胁他的地位。但来自法拉利的劲敌费利佩·马萨(Felipe Massa)向他发起了挑战,两人都手握5场胜利,而马萨在收官战上拥有主场优势。

经过大半场的紧张竞逐后,天降阵雨,被水膜覆盖的英特拉格斯赛道变得湿滑不堪。在全场观众的注视下,马萨驾驶法拉利赛车率先冲过终点线,而汉密尔顿此时仅位列第六。突然,戏剧性的一幕出现了,在最后一个弯道,蒂莫·格洛克(Timo Glock)的丰田赛车陷入打滑困境,汉密尔顿抓住时机,驾驶迈凯伦赛车顺势超越,以第五名完赛。就这样,他凭借1分的积分优势扭转乾坤,力压马萨,成为当时F1赛史上最年轻的世界冠军。

2007赛季，汉密尔顿与队友费尔南多·阿隆索的关系愈加微妙（对页上图），他赢得4场分站胜利（包括美国大奖赛，对页下图），闯入夺冠集团

背页图：2014赛季，马来西亚大奖赛，汉密尔顿驾驶梅赛德斯F1 W05赛车施展"帽子戏法"，豪取杆位、最快单圈和分站胜利，开启了夺冠之旅

左图和下图：2008赛季，汉密尔顿驾驶迈凯伦-梅赛德斯MP4/23赛车夺得7个杆位和5场胜利，最终在收官战的最后一圈逆转夺冠

"收获每座世界冠军奖杯的历程都大相径庭。需要不同的策略、不同的速度,更会有不同的挑战。我每次都想看看自己又进步了多少,因为对手也在进步。每次赢得世界冠军都让我感觉难以置信,我做梦都想不到能赢得5届世界冠军。"

夺冠之路从不会一帆风顺。2009赛季,布朗GP车队的简森·巴顿(Jenson Button)先发制人,让汉密尔顿没能如愿卫冕。2010赛季,汉密尔顿凭借开季的几场胜利一度领跑积分榜,孰料塞巴斯蒂安·维特尔异军突起,一举夺冠。接下来,红牛车队统治了整整3个赛季。

在正确的时间,加盟正确的车队,驾驶正确的赛车,这是成为F1世界冠军的"三要素"。在迈凯伦度过了3个徒劳无功的赛季后(最佳年终积分榜排名仅第四位),汉密尔顿转投梅赛德斯车队,与儿时的卡丁车队友尼科·罗斯伯格再次搭档。但他2013赛季仅收获一场胜利,又一次以屈居积分榜第四位告终,这让人很难不质疑他的选择。所幸,F1在2014赛季进入"混动时代"后,属于汉密尔顿的时代也来了,因为梅赛德斯已经为这场动力变革做好了充足准备。

赛季打响后,梅赛德斯包揽了前6场比赛的胜利,汉密尔顿4场,罗斯伯格2场。到赛季末,汉密尔顿凭借11场胜利第二次荣膺世界冠军。来年,2015赛季,他又以10场胜利成功卫冕,追平了偶像塞纳的夺冠次数纪录。

2016赛季,不甘示弱的罗斯伯格决意与队友汉密尔顿一争高下。两位梅赛德斯车手将夺冠悬念一直保持到收官战阿布扎比大奖赛上。最终,积分领先的罗斯伯格如愿折桂。令人意外的是,他随即宣布退役,使一场可能愈演愈烈的队内争雄戛然而止。

2017赛季,汉密尔顿上演王者归来,成功击退了维特尔和法拉利的挑战,第四次捧起世界冠军奖杯。2018赛季初,法拉利强势反击,而汉密尔顿力挽狂澜,再次卫冕,成为F1赛史上

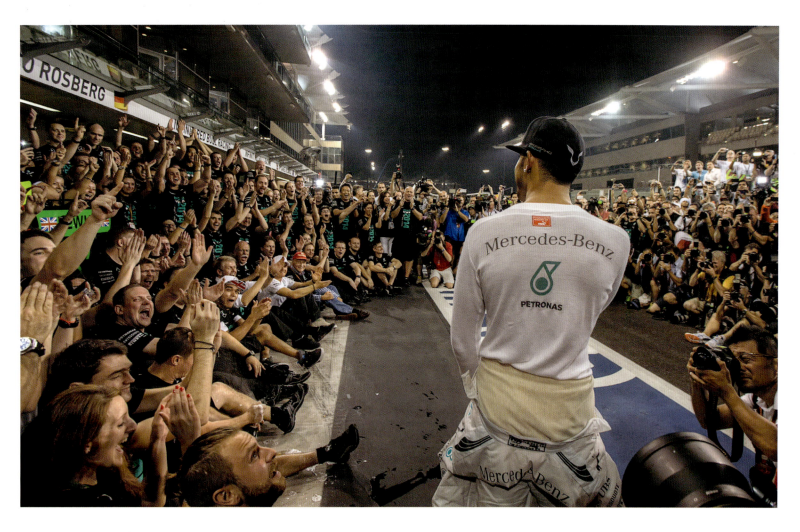

对页上图:2014赛季尾声,阿布扎比,汉密尔顿庆祝加盟梅赛德斯车队后第一次夺得世界冠军

汉密尔顿驾驶44号赛车蝉联了2017赛季(摩纳哥,对页下图)、2018赛季、2019赛季(西班牙,上图;法国,右图)的F1世界冠军

第三位赢得5届世界冠军的车手。

2019赛季,汉密尔顿轻松斩获前8场比赛中的6场胜利。他先是与队友瓦尔特利·博塔斯(Valtteri Bottas)交替领跑积分榜,随后再次独孤求败。而法拉利弄巧成拙,浪费了逆袭机会。在F1连续征战13个赛季后,汉密尔顿依旧泰然自若,赛场统治力与速度驾驭力没有半点衰减。

荣誉等身之时,汉密尔顿在赛车界的地位也成为人们讨论的焦点,而其中一些观点无疑受到了他场外形象的影响。作为赛车界第一位功成名就的黑人车手,汉密尔顿从不怯于展现自我,他在音乐和时尚领域品味独到,他为此沉醉其中。但与此同时,外界对他的关注,也逐渐从赛场风云,变成了场外风流,有关他私生活的报道屡屡见诸头条:与少女歌唱组合"小野猫"(Pussycat Dolls)主唱妮可·舒可辛格(Nicole Scherzinger)分分合合,先后移居瑞士和摩纳哥"纸醉金迷",重金购入庞巴迪(Bombardier)私人喷气飞机……2013年,他的个人财富就超过了8500万英镑。

汉密尔顿或许已经成长为世界巨星,但他从未忘记自己在斯蒂夫尼奇(Stevenage)度过的辛酸童年。在梅赛德斯的每一天,他都会全神贯注、与人为善,不愿让自己的天赋浪费一分。这一切,可能都缘于儿时那次温情对视与双手紧握(鉴于本书成稿于2020年,译者特补充如下事实:2021年,汉密尔顿受封爵士头衔;截至2022年,汉密尔顿共获得103场大奖赛胜利,打破了舒马赫保持的胜场纪录,共赢得7届F1世界冠军,追平了舒马赫保持的纪录)。

简森·巴顿的 F1 追梦之旅在 2009 年迎来高潮，他终于捧起了世界冠军奖杯

简森·巴顿
Jenson Button

夺冠时间 2009年

2008 赛季，收官战巴西大奖赛上，简森·巴顿跑完比赛后，他的赛车在维修区起火了。那个赛季本田车队最该做的事也许就是毁掉那台赛车，因为它的操控性一塌糊涂。

巴顿的 29 岁生日快到了，他已经参加了 170 多场大奖赛，但只拿到过一场胜利。命运似乎总在捉弄他，同样来自英国且有着相似成长经历的刘易斯·汉密尔顿，比他晚 5 年登陆 F1，仅仅征战两个赛季后，就捧起了自己的第一座世界冠军奖杯。而巴顿的 F1 生涯，就像他那台赛车起火后冒出的滚滚烟尘一样，虚无缥缈。

画面快进到 12 个月后，几乎在同一个地方，巴顿纵身跳出赛车——那可能是他生涯驾驭过的最棒的赛车之一，在欢呼声中加冕 2009 赛季世界冠军。短短一个赛季，他破茧成蝶，这成了赛场上最为车迷们所津津乐道的故事。对巴顿而言，最令他感慨万千的，或许是跳出赛车后与父亲相拥而泣。

父亲约翰·巴顿（John Button）曾拿过短道拉力赛冠军，他很早就开始培养儿子跑卡丁车赛，随后又一路护送他进军 F3。老实说，尽管简森·巴顿当时没有展现出过人天赋，但依靠平稳、省胎的驾驶特点，还是引起了迈凯伦、普罗斯特（Prost）和威廉姆斯车队的关注。在他们看来，这个又瘦又高、略显羞涩的小伙子，配得上一次 F1 的测试机会。

巴顿完成测试后，三支车队都很满意，威廉姆斯还提供了一份 2000 赛季的合同。令人过目难忘的姓氏（"Button" 有"按钮/纽扣/徽章"之意）和突飞猛进的事业，让巴顿很快成为英国媒体眼中的"希望之星"。他选择用平常心来对待这一切。尽管在自己的第二场大奖赛上就获得了 1 个积分，并且在斯帕和铃鹿赛道上都取得了不俗的圈速，但巴顿没能得到威廉

右图：2004赛季，马来西亚大奖赛，经历了长期蛰伏的巴顿，驾驶英美-本田006赛车夺得年度季军

下图和对页下图：2005赛季，日本大奖赛，巴顿驾驶英美-本田007赛车在前排起跑，但加油导致的延误让他丧失了优势，最终以第五名完赛

对页上图：2009赛季，澳大利亚大奖赛，巴顿驾驶布朗-梅赛德斯BGP001赛车杆位起跑后获胜，彰显了夺冠决心

姆斯的续约合同，因为后者只是将他视为哥伦比亚车手胡安·巴勃罗·蒙托亚（Juan Pablo Montoya）到来前的过渡角色。

与威廉姆斯的蜜月期结束后，巴顿转投雷诺车队。然而，新车队的氛围让他局促不安，新赛车的调校方式也与他悠然的驾驶风格扞格难通。尽管如此，接下来的两个赛季里，巴顿一直在努力调整自己的驾驶方式，同时积极与工程师和机械师们建立起融洽关系。经历了几番磨砺后，2003赛季，巴顿加盟英美-本田车队，此时的他已经变得游刃有余，竞争力与日俱增。第二年，他收获了年度季军。

巴顿的运气算不上好，他不得不面对全盛时期的迈克尔·舒马赫。2005赛季的匈牙利大奖赛上，上天终于眷顾了这个年轻人，他凭借精湛的技术，在湿滑的赛道上赢得了生涯首个分站冠军。这是他参加的第113场大奖赛。

2007赛季，本田完全收购了英美车队。但此后的战绩表明，这家日本公司应该专注于供应发动机，而不是制造赛车，那台2008赛季结束后自燃的赛车可谓最大败笔。于是，本田选择及时止损，退出了F1，而巴顿的职业生涯似乎也要因此落幕。

所幸，救星出现了，罗斯·布朗（Ross Brawn）接手了这支麻烦不断的车队。他用本田的补偿金重组团队，同时说服梅赛德斯成为新的发动机供应商。2009赛季，以布朗之名重生的本田-英美车队，成为游走于灰色地带的典范——他们充分利用了赛车的尾部扩散器技术规则。2008赛季的本田赛车一无是处，巴顿为此恼怒不已，而仅仅测试了几圈布朗GP赛车后，他便喜出望外。

"赢得一场比赛带来的是真实的快乐——那感觉棒极了。而赢得世界冠军更像是一种解脱,因为我给了自己很大压力,这让我很痛苦,但冲线带来的难以抑制的狂喜,让我一瞬间就释放了。我爱死这种感觉了。"

2009赛季,土耳其大奖赛(对页上图),巴顿拿到当季6场胜利中的最后一胜。而英国大奖赛(对页下图)带给他的只有压力和失望,他最终仅以第六名完赛

巴顿为迈凯伦-梅赛德斯征战了7个赛季,取得了不错的成绩,2011赛季他驾驶MP4/26赛车夺得了日本大奖赛的胜利(左图),2012赛季他驾驶MP4/27赛车夺得了比利时大奖赛的胜利(下图)

事实证明巴顿的感觉一点没错,他赢得了赛季前7场比赛中的6场胜利。尽管赛季后半程对手强势反击,但积分优势给了他足够的回旋余地。在决定世界冠军归属的巴西大奖赛上,巴顿一鼓作气,以风卷残云般的气势统治了赛道,如愿登上最高领奖台。

如果说巴顿问鼎F1算是意外之喜,那么他突然转会迈凯伦就有些匪夷所思,因为他将要面对的直接对手,是刘易斯·汉密尔顿。不过,这或许正体现了他的淡然与自信、决心与果敢。巴顿享受这种建立在彼此尊重基础上的队内竞争。同样驾驶迈凯伦-梅赛德斯赛车,他与汉密尔顿都有属于自己的高光时刻。

在迈凯伦,巴顿又夺得了8场大奖赛胜利。最具戏剧性的一幕发生在2011赛季的加拿大大奖赛上,他经历了过山车式的波折:与汉密尔顿相撞;在安全车后超速被罚通过维修区;湿滑路况下再次发生碰撞;爆胎进站,出站后跌到第21位,随后一度跌到队尾;奋起直追,在最后一圈实现领先,首位冲线。

2016赛季末,巴顿宣布退役。此后,他只在2017赛季的摩纳哥大奖赛上有过短暂亮相——代替阿隆索出战。巴顿职业生涯征战了300多场大奖赛,在赛场上留下了平易近人的身影与坚韧不拔的意志,这些可贵的品质助力他度过绝望,从那台本田赛车的滚滚烟尘中走了出来。

塞巴斯蒂安·维特尔与红牛车队携手统治了F1的4个赛季。2011赛季，他夺得比利时大奖赛的胜利（左图），这是他当季取得的11场胜利之一

塞巴斯蒂安·维特尔
Sebastian Vettel

夺冠时间 2010年 2011年 2012年 2013年

　　小红牛队（Toro Rosso，国内也称"红牛二队"或"红牛青年队"，2020年更名为AlphaTauri）无论如何也料想不到，他们在2007赛季中途能得到一位叫塞巴斯蒂安·维特尔的天才车手。红牛公司组建这支"预备队"的初衷，是为红牛队（Red Bull Racing）培养年轻车手。但事与愿违，成立两年来，他们一直在与既没有速度也没有天资的车手们共同挣扎。小红牛队当然知道维特尔是红牛青年培训体系的一员，但在所有人看来，这位年轻德国车手的未来似乎与宝马更为合拍。

　　2004年的德国宝马方程式锦标赛中，维特尔夺得了20场比赛中的18场胜利。2007赛季的美国大奖赛上，由于首席车手罗伯特·库比卡（Robert Kubica）因事故缺席，宝马-索伯车队给了维特尔F1首秀的机会。他在印第安纳波利斯赛道以第八名完赛，成为当时F1赛史上最年轻的积分得主。遗憾的是，宝马并没有因此留下这位19岁的车手。于是，小红牛队的机会来了。

　　据说，维特尔在加盟小红牛队后，展现出与之前几位车手截然不同的状态：他勤学好问，能谋善断，以超越年龄的成熟，游刃有余地处理各种事务。从2007赛季后半程开始，小红牛队逐渐崛起，维特尔已经成为积分榜上的常客。

　　2008年9月，比赛来到小红牛队的主场意大利，在湿滑的蒙扎赛道上，维特尔顶住压力一路飞驰，出人意料地夺得了杆位，全程没有任何失误。

　　维特尔对自己的身体和精神掌控自如，他认为这要归功于早年跑卡丁车赛时买不起湿地轮胎，只能用干地轮胎应对所有

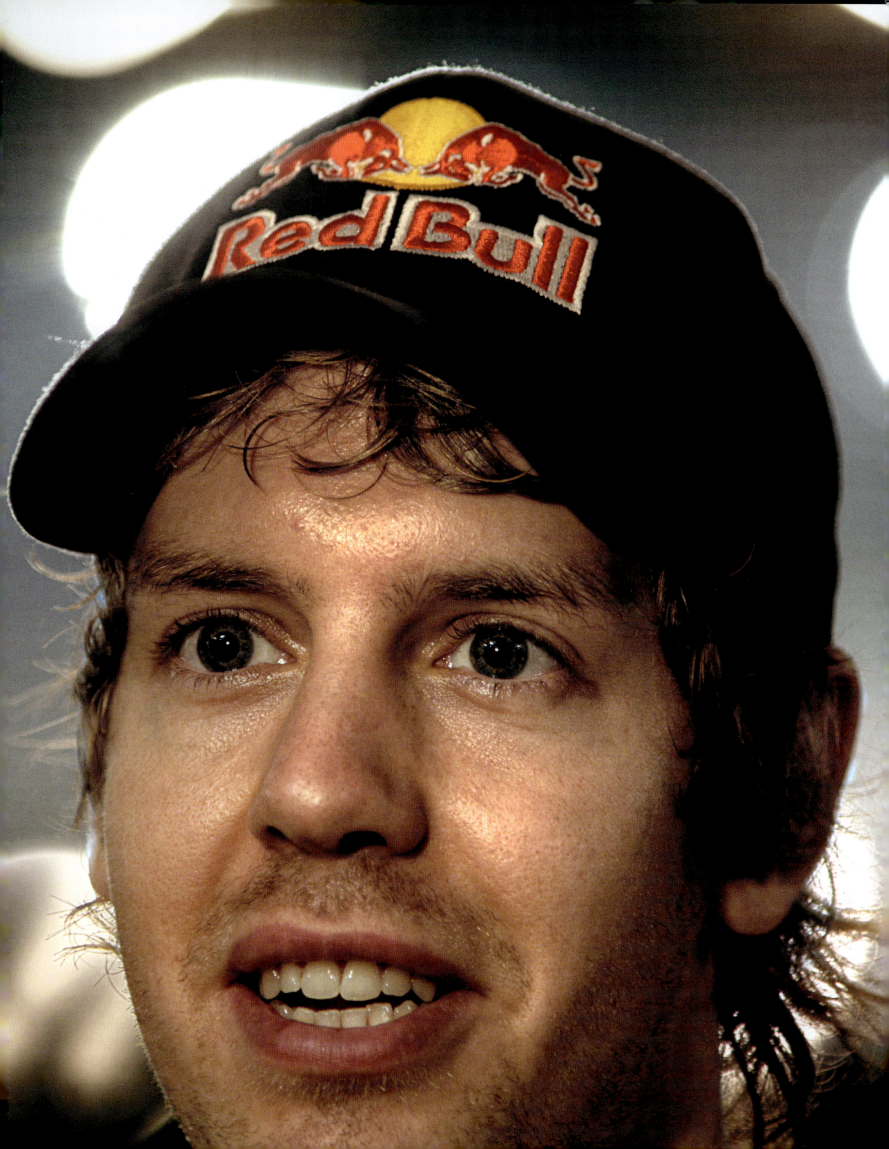

状况。登峰造极的控车技术让他收获了丰厚的回报,在自己的第22场大奖赛上,他一举成为当时F1赛史上最年轻的杆位得主和最年轻的分站冠军。对维特尔而言,由小红牛队晋升到红牛队只是时间问题。

其实,维特尔加盟红牛队算是再续前缘。18岁那年,他驱车一整天,从家乡赫本海姆(Heppenheim)赶到英格兰,鼓足勇气敲开了红牛队总部大门,请求进去参观。短短4年后,他再次来到红牛,而身份已经从游客变成了车手。

他的队友是不苟言笑的澳大利亚人马克·韦伯(Mark Webber),两人最初相安无事。然而,在红牛赛车具备夺冠实力后,维特尔与韦伯的关系逐渐微妙起来。2009赛季,维特尔赢得了4场胜利,而韦伯赢得了2场胜利。来到2010赛季,两人势均力敌,都跻身争冠行列。当季的土耳其大奖赛上,一场为争夺领先位置引发的碰撞激化了两人的矛盾,但维特尔并没有因自己的冲动而受到车队责备。于是,内战一直持续到收官战阿布扎比大奖赛上。尽管韦伯和法拉利的费尔南多·阿隆索赛前占据了积分榜前两位,但维特尔上演惊天逆转,不仅拿下收官战的胜利,还以23岁133天的年纪,成为迄今为止F1赛史上最年轻的世界冠军。

维特尔堪称F1围场里的"喜剧人",他能模仿一整期英国著名电视喜剧节目,这让他与机械师们建立起融洽的关系。2011—2013赛季,维特尔势不可挡,以精湛的控车和绝对的自信蝉联三届世界冠军。红牛队的每个人脸上都洋溢着灿烂的笑容。

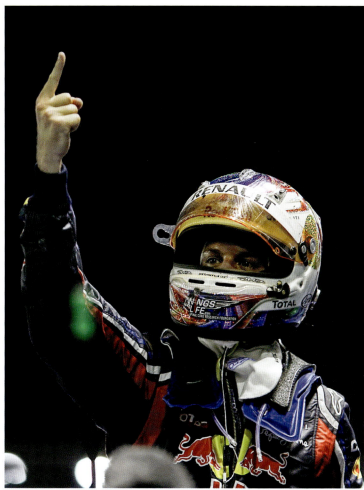

对页上图：2008赛季，意大利蒙扎，维特尔驾驶小红牛赛车在糟糕的赛道条件下一路领跑，夺得自己的首场大奖赛胜利

对页下图：2010赛季，收官战阿布扎比大奖赛，驾驶红牛RB6赛车的维特尔在不被人们看好的情况下，夺得了自己的第一座世界冠军奖杯

上图：2010赛季，倒数第二站巴西大奖赛，维特尔驾驶红牛RB6赛车拿到了决定世界冠军归属的一场胜利

左图：维特尔标志性的庆祝动作，在红牛车队服役期间他做出过38次

背页图：2010赛季，巴西大奖赛，维特尔在五彩纸屑中庆祝当季第四场胜利

"拿四次F1世界冠军?可真不少啊。和迈克尔(舒马赫)、方吉奥、(阿兰)普罗斯特这样的人比肩太难了。我还很年轻,不明白这意味着什么。也许到60岁那天我会明白。别人从你身上夺不走的东西,可能都不太好理解。"

孰料,2014赛季风云突变。维特尔的红牛赛车被可靠性问题纠缠,而他自己也因技术规则的改变而倍感挣扎,整个赛季一场未胜。与此同时,刚刚从小红牛队晋升到红牛队的丹尼尔·里卡多(Daniel Ricciardo),凭借3场胜利迅速在队内树立起威信。尽管与里卡多的关系一直很好,但维特尔认为是时候离开了,他接受了法拉利车队的邀请,准备追寻着儿时英雄迈克尔·舒马赫的足迹,再次向赛车之巅进发。

进入2015赛季,维特尔在驾驶法拉利赛车出战的第二场比赛上就赢得了胜利。前6场比赛中,他5次登上领奖台,一切似乎径情直遂。不过,面对势头正盛的刘易斯·汉密尔顿与梅赛德斯,尽管他又收获了两场胜利,最终还是无缘登上最高领奖台。

F1进入"混动时代"后,法拉利日渐式微。车队管理层的动荡导致研发工作停滞不前,赛车技术短板凸显。2016赛季,维特尔在失意中度过,再次一场未胜。接下来的两个赛季,尽管赛车性能的改善带来了几场胜利,但在汉密尔顿的强大攻势下,维特尔总是功亏一篑,始终没能带领法拉利走出阴霾。

沮丧之情不断累积,法拉利在比赛中昏招迭出,车手的信心不断消磨。在红牛时,队内的协调运转让维特尔能专心做自己擅长的事,而在法拉利时,他不得不分心于赛场内外的纷繁琐事。来自法拉利董事会的压力,以及意大利媒体的口诛笔伐,更是令他如坐针毡。

维特尔驾驶法拉利赛车的获胜次数屈指可数（2015赛季匈牙利大奖赛，对页上图；2017赛季摩纳哥大奖赛，对页左下图）

2018赛季，队内的恩怨纠葛已经让维特尔身心俱疲，无解的失误让他再次错失世界冠军。当季的德国大奖赛上，维特尔原本处于领先位置，但弯道里的一次操作失误导致车轮抱死，赛车冲出赛道后撞到护墙上。他无奈退赛，将胜利拱手让给汉密尔顿，而后者藉此实现积分反超，锁定了赛季胜局。

法拉利像陷入泥沼一般难以自拔。当维特尔终于调整好状态，夺得比利时大奖赛的胜利时，颓势已经无可挽回。领队的暴躁无常也让他很难保持风度，两人的关系愈发紧张，前者最终在赛季末被法拉利扫地出门。

2018赛季结束后的休赛期里，维特尔想了很多，他即将为法拉利征战第五个赛季。一波未平一波又起，新赛季里，由阿尔法·罗密欧-索伯车队转会而来的夏尔·勒克莱尔，向维特尔发起了强势挑战。这位摩纳哥车手比他年轻10岁，而且拥有与他如出一辙的成熟和自信。事实证明，勒克莱尔不仅有更强的速度驾驭力，还敢于表达自我，而维特尔的不甘示弱无疑加剧了队内的紧张气氛。

维特尔对社交媒体毫无兴趣，他更乐于沉浸在音乐中，更乐于享受恬静的家庭时光，而不愿让世界冠军的身份成为一种负担。这就是塞巴斯蒂安·维特尔，四届F1世界冠军（鉴于本书成稿于2020年，译者特补充如下事实：2020赛季，法拉利车队签约小卡洛斯·赛恩斯（Carlos Sainz Jr.），维特尔陷入无车可开的窘境；2021赛季，他加盟新组建的阿斯顿·马丁车队（Aston Martin Cognizant）；2022赛季，他宣布退役）。

尼科·罗斯伯格希望追寻父亲的足迹成为F1世界冠军，但队友刘易斯·汉密尔顿的强势竞争让他的夺冠征程异常艰难。2015赛季失利后，他重整旗鼓。在2016赛季的收官战上，经过激烈的心理战，凭借坚定的意志与扎实的技术，他最终赢得世界冠军。实现梦想后，他急流勇退

尼科·罗斯伯格
Nico Rosberg

夺冠时间 2016年

尼科·罗斯伯格曾被伦敦帝国理工学院（Imperial College）空气动力学专业录取，但他放弃了这个机会。他的赛车梦与那些寻常的爱车少年迥然不同，他要循着父亲（科克·罗斯伯格，1982赛季F1世界冠军）的足迹攀上赛车之巅。实际上，在暂时放弃学业前，他刚刚参加了威廉姆斯车队的F1赛车测试。

亲手驾驶F1赛车驶上赛道所带来的身体与感官刺激，令这个17岁的少年欲罢不能。对卡丁车、宝马方程式和F3的广泛涉猎，让他有足够的底气踏上赛道征程，这显然比做个普普通通的工程师更让人期待。

2005年，罗斯伯格在GP2系列赛中夺冠，获得了登上F1殿堂的最后一块垫脚石。威廉姆斯车队开始认真考虑为他提供一个车手席位，于是对他进行了综合能力评估，其中包括工程能力测试（Engineering Aptitude Test），目的是测定潜力车手获取和理解信息的能力，以及对赛车和轮胎的了解程度。毫无疑问，他的得分高得惊人。

接下来，罗斯伯格开始用赛道上的进步消除人们的疑虑。2006赛季，巴林大奖赛，他迎来F1处子秀。搭载福特-考斯沃斯发动机（Ford-Cosworth）、动力孱弱的威廉姆斯赛车，并没有成为罗斯伯格的掣肘，他不仅跑出全场最快圈速，还拿到了积分。随后的马来西亚大奖赛排位赛上，他名列第三，超过了法拉利车队的迈克尔·舒马赫。狂热的媒体开始将他与父亲放在一起品头论足，所幸他没有被那些杂音干扰。

下图：2006 赛季，巴林大奖赛，罗斯伯格驾驶威廉姆斯 - 考斯沃斯 FW28 赛车完成 F1 处子秀，跑出全场最快圈速并拿到积分

对页上图：2010 赛季，罗斯伯格加盟梅赛德斯车队。四年后，尽管拥有了性能强劲的 W05 赛车，但汉密尔顿的到来让他很难再轻松取胜。2014 赛季，加拿大大奖赛上，罗斯伯格从杆位起跑，汉密尔顿在他右侧。赛季结束时，他只收获了 5 场胜利，而汉密尔顿收获了 11 场胜利

对页下图：2008 赛季，奥地利大奖赛，罗斯伯格以第三名完赛，这是他在威廉姆斯车队时鲜有的高光时刻

　　1985 年，父亲科克折桂底特律大奖赛后，罗斯伯格在联邦德国降生。老科克在威廉姆斯车队拿到了 F1 世界冠军，人们自然而然地对罗斯伯格有了相似的期许。然而，在威廉姆斯的前三个赛季，屠弱的赛车让他无可奈何，最好成绩不过是积分榜第 9 名，这让人看不到希望。

　　2009 年，布朗 GP 车队老板罗斯·布朗，一位手握车队世界冠军的工程师兼企业家，开始关注罗斯伯格，后者此时已经为威廉姆斯效力了四个赛季。次年，梅赛德斯完全收购了布朗 GP，布朗随即将罗斯伯格招入麾下。2012 赛季的中国大奖赛证明了布朗的选择是正确的，罗斯伯格尽情施展"保胎"神技，拿下杆位并夺得胜利，这是梅赛德斯重返 F1 后收获的首个分站冠军。

　　2013 赛季，刘易斯·汉密尔顿加盟梅赛德斯 AMG，队内氛围随即发生了微妙变化。罗斯伯格很熟悉汉密尔顿，在征战卡丁车赛时，两人就是经常交手的朋友。尽管彼此依旧抱以尊重，但为世界冠军而战的共同目标，让这份友谊经受着考验。

　　摩纳哥大奖赛上，罗斯伯格以一场酣畅淋漓的胜利拉开了冠军争夺战的序幕。摩纳哥是他的第二故乡，三十年前父亲也曾在这里获胜。接下来，汉密尔顿逐渐掌控了比赛，到赛季结束时，他在积分榜上力压罗斯伯格。2014 赛季，梅赛德斯凭借技术优势统治了赛场，汉密尔顿拔得头筹，时隔六年再度荣膺世界冠军。

"我比赛不是为了胜利带来的名望或其他什么,我只是为了赢得世界冠军,我做到了。这是我儿时的梦想,因此我兴奋至极。夺冠后,我想和支持我的人一起庆祝,我的爸爸妈妈发挥了无可替代的作用,妈妈是在生活方面,爸爸是在事业发展方面,他们一路支持我走到今天。"

对页上图：2014赛季，阿布扎比大奖赛，罗斯伯格从杆位起跑，但梅赛德斯W05赛车突发故障导致他中途退赛

对页下图：2015赛季，罗斯伯格折桂西班牙大奖赛

上图：2016赛季，意大利大奖赛，罗斯伯格取得了当季第7场胜利

右图：2013赛季，摩纳哥大奖赛，罗斯伯格手握分站冠军奖杯，就像30年前父亲所做的那样

2015赛季，F1赛场已经演变为梅赛德斯的内战，此起彼伏的批评与质疑声涌向了罗斯伯格，因为他只赢了6场比赛，还包括3场赛季末的比赛，而汉密尔顿赢了足足10场。不过，面对汉密尔顿稳定且无解的速度优势，罗斯伯格并没打算放弃，他全神贯注地思考着如何击败这位最强车手。

罗斯伯格比任何人都清楚击败汉密尔顿有多难。因此，即使偶尔招致一些批评，他也会绞尽脑汁用"心理战"来影响对手的状态，而且从不愿和对手多说一句话——尽管他能熟练运用5国语言。在媒体看来，他面对失败时似乎总是过于斯文且冷静。

进入2016赛季，罗斯伯格的策略逐渐奏效了。凭借前所未有的投入，他开局就斩获4场胜利，而且没放过一个积分。到收官战阿布扎比大奖赛打响时，汉密尔顿和罗斯伯格都手握9场胜利，但罗斯伯格有微弱的积分优势，他只要拿下第二名就能顺利加冕世界冠军。比赛开始后，汉密尔顿一直将罗斯伯格挡在身后，让他陷入了与维特尔（法拉利车队）的缠斗。经历了1小时40分钟的煎熬后，罗斯伯格最终保住了第二名的位置，如愿登上最高领奖台。

领奖台上，面对镜头的罗斯伯格神情憔悴，21场紧张较量带来的疲倦，几乎吞噬了他俊朗的脸庞。不会有人想到，就在捧回渴望已久的世界冠军奖杯几天后，他平静地宣布了退役决定。

参考文献

图书
Grand Prix Who's Who by Steve Small (Icon Publishing)
Formula 1 – The Knowledge by David Hayhoe (David Hayhoe Publications)
Grand Prix Requiem by William Court (PSL)
History of the Grand Prix Car by Doug Nye (Hazleton Publishing)
Autocourse Grand Prix Annual (Hazleton Publishing, Icon Publishing)

期刊
Autosport
Motor Sport
F1 Racing
Motor Racing
Grand Prix International

报纸
The *Guardian*
The *Independent*
The *Observer*

致　谢

撰写这本书主要是我和露西·沃伯顿（Lucy Warburton）的主意。*The Pursuit of Speed* 出版后，我与出版社商议，应该进一步利用好"卡希尔影库"的资料。为此，我们构思了这本书。我想感谢保罗-亨利，与他的每一次合作都很愉快，对这项伟大运动的热爱与执着，让我们携手踏上一段引人入胜的旅程。

我要向白狮出版社（White Lion Publishing）的编辑团队致敬，他们在内容编排和版式设计上游刃有余，创作这样一本书可不像以往那样轻松！我还要感谢大卫·卢克斯顿（David Luxton），他以一贯的专业精神和宝贵的支持，促成了这个项目。

最后，我非常感谢伯尼·埃克莱斯顿能贴心地撰写了前言。我们那天所讨论的，正如过去几十年来我们所经历的那样，恰如其分地回答了两个问题：为什么这些世界冠军如此特别？为什么成为本书的主人公之一会是一件荣幸且愉悦的事？

莫里斯·汉密尔顿

莫里斯·汉密尔顿和露西·沃伯顿来找我，说要为纪念F1七十周年创作一本书，我当然要和他们一起干！之前我们合作撰写了 *The Pursuit of Speed*，这本书很成功。我知道，与白狮出版社一起，围绕这个伟大的主题，我们还能创作出大受欢迎的作品。

没有我已故父亲伯纳德·卡希尔出色的摄影作品，这一切都不会成真。他让我有机会成为F1摄影师，我们的摄影作品共同构成了"卡希尔影库"，独一无二的F1摄影作品收藏集。

最后，我们需要一位合适的、知识渊博的人来撰写前言。当莫里斯提议邀请伯尼·埃克莱斯顿时，我觉得非他莫属了。如今，你不可能再找到另一个见证过所有F1世界冠军的比赛，还与他们过从甚密的人。非常感谢，伯尼，你是无可替代的，你就是传奇。

保罗-亨利·卡希尔

《世界一级方程式锦标赛冠军传奇》讲述了 70 余年来,以胡安·曼努埃尔·方吉奥、埃尔顿·塞纳、迈克尔·舒马赫和刘易斯·汉密尔顿为代表的,世界一级方程式锦标赛(F1 World Championship)车手冠军故事,以生动干练的笔触,使 33 位车手冠军异彩纷呈、扣人心弦的人生与赛场历程跃然纸上,客观呈现了他们的为人与处世之道。

本书所有照片均遴选自"卡希尔影库"(The Cahier Archive),由著名 F1 摄影师伯纳德·卡希尔与保罗-亨利·卡希尔父子拍摄,完美记录了每位 F1 车手冠军职业生涯不同阶段的精彩瞬间。

本书是所有热爱赛车运动的朋友不可错过的阅读与收藏佳品。

Maurice Hamilton Bernard Cahier Paul-Henri Cahier，Formula One: The Champions
ISBN 978-1-78131-946-8
Text © 2020 Maurice Hamilton
Photography © 2020 The Cahier Archive
Foreword © 2020 Bernie Ecclestone
Simplified Chinese Translation Copyright © 2023 by China Machine Press. This edition is authorized for sale in the Chinese mainland（excluding Hong Kong SAR, Macao SAR and Taiwan）.
All rights reserved.

本书中文简体字版由 White Lion Publishing 授权机械工业出版社在中国大陆地区(不包括香港、澳门特别行政区及台湾地区)独家出版发行。未经出版者书面许可,不得以任何方式抄袭、复制或节录本书中的任何部分。

All photography courtesy of The Cahier Archive with the following exceptions:

Front cover，back cover bottom middle left，234—7 © Martin Trenkler; p. 15 © The Klemantaski Collection; p. 213a Clive Mason — Formula 1/Getty; p. 213b Mark Thompson/Getty

北京市版权局著作权合同登记 图字：01-2020-4408 号。

图书在版编目（CIP）数据

世界一级方程式锦标赛冠军传奇 /（英）莫里斯·汉密尔顿 (Maurice Hamilton) 编著；刘刚，陈哲然译．—北京：机械工业出版社，2023.1（2025.4 重印）
（我为车狂系列）
书名原文：Formula One: The Champions
ISBN 978-7-111-72517-6

Ⅰ．①世… Ⅱ．①莫… ②刘… ③陈… Ⅲ．①赛车—汽车运动—优秀运动员—事迹—世界—现代—摄影集 Ⅳ．① K815.47-64

中国国家版本馆 CIP 数据核字（2023）第 010898 号

机械工业出版社（北京市百万庄大街 22 号　邮政编码 100037）
策划编辑：孟　阳　　　　　责任编辑：孟　阳
责任校对：薄萌钰　王明欣　责任印制：张　博
北京利丰雅高长城印刷有限公司印刷
2025 年 4 月第 1 版第 2 次印刷
248mm×304mm · 30 印张 · 3 插页 · 541 千字
标准书号：ISBN 978-7-111-72517-6
定价：229.00 元

电话服务　　　　　　　网络服务
客服电话：010-88361066　机　工　官　网：www.cmpbook.com
　　　　　010-88379833　机　工　官　博：weibo.com/cmp1952
　　　　　010-68326294　金　　书　　网：www.golden-book.com
封底无防伪标均为盗版　机工教育服务网：www.cmpedu.com